Hermann Collitz

Die Behandlung des urspr. Auslautenden ai im Gotischen,

Althochdeutschen u. Altsächsischen

Hermann Collitz

Die Behandlung des urspr. Auslautenden ai im Gotischen,
Althochdeutschen u. Altsächsischen

ISBN/EAN: 9783743455160

Hergestellt in Europa, USA, Kanada, Australien, Japan

Cover: Foto ©ninafisch / pixelio.de

Manufactured and distributed by brebook publishing software
(www.brebook.com)

Hermann Collitz

Die Behandlung des urspr. Auslautenden ai im Gotischen,

Als ich um weihnachten 1887 die erklärung des schwachen präteritums fand, welche ich im Amer. Journal of Philology bd. 9 s. 42 ff. veröffentlicht habe, da gewann ich bald den eindruck, dass dieselbe uns nicht nur die entstehung der sogen. „schwachen" conjugation im Germanischen verständlicher mache, sondern auch darüber hinaus z. b. bei der untersuchung einiger fragen der germanischen lautlehre von nutzen sein könne. Jene abhandlung freilich beabsichtigte nicht, den gewinn zu erschöpfen, welcher sich aus meiner theorie für die grammatik ziehen lässt. Ich habe mich darauf beschränkt, aus denjenigen germanischen sprachen, welche reste des passivs bewahrt haben (also dem Gotischen, Altnordischen und Angelsächsischen) den beweis zu erbringen, dass die endungen der 1. und 3. sing. des schwachen präteritums ursprünglich mit den entsprechenden endungen des mediopassivs identisch waren; und ferner durch heranziehung der verwanten sprachen zu zeigen, dass das sog. schwache präteritum nebst den zugehörigen präterita got. *iddja* (= ags. *éo-de*) und westgerm. *deda* (= ahd. *teta,* as. *deda,* fr. *dede,* ags. *dyde*) aus dem medialen perfect der arischen ursprache sich entwickelt hat.

Zu den problemen der lautlehre nun, auf welche mir von dieser auffassung des präteritums aus neues licht zu fallen scheint, gehört die hier zu behandelnde frage nach der vertretung des urspr. ausl. *ai* in einigen altgermanischen dialekten. Es fehlte im Althochdeutschen und Altsächsischen bisher an einem sicheren anhaltspunkte, um zu bestimmen, wie das ursprünglich auslautende *ai* in ihnen behandelt wird. Man pflegt zwar anzunehmen, urspr. -*ai* liege in formen wie ahd. *blint-e* (nom. pl. m.), *tag-e* (dat. sg. m.), *ber-e* (3. sg. opt.

2

praes.) vor[1]). Aber die aus diesen fällen gezogene regel ist eben so wenig stichhaltig, wie für das Gotische die aus *blindai* (nom. pl. m.), *gibai* (dat. sg. f.), *bairai* (3. sg. opt. praes.) abstrahierte lautregel, dass urspr. *-ai* im Gotischen erhalten bleibe. Es handelt sich in allen diesen fällen meiner ansicht nach nicht um ur sprün gliches *-ai*, sondern teils um ein nachträglich durch formübertragung in den auslaut gelangtes *-ai*, teils um urgermanisches *-ōi*. Wie urspr. ausl. *ai* im Gotischen behandelt wurde, lehren die formen des passivs und die 1. und 3. sg. des schwachen präteritums, in denen wir im Gotischen gleichmässig die endung *-a* vorfinden. Auf grund der passivformen hat man bisher auch meistens für das Gotische den vocal *a* als den regelrechten vertreter des urspr. *-ai* anerkannt. Auch Sievers' annahme, das *-ai* in dem pronominalen nom. pl. wie *blindai* beruhe auf formübertragung, hat

---

[1]) So zuletzt J. Schmidt Die pluralbildungen d. idg. neutra s. 114 anm. Derselbe findet meine erklärung des schw. präteritums schon deshalb nicht überzeugend, weil sie sich mit dieser ansicht nicht verträgt. Wer meinen standpunkt teilt, wird umgekehrt das schw. präteritum unter die gründe rechnen, welche gegen die hergebrachte auffassung des ahd. und as. *-e* sprechen. Die stellung, welche Schm. in diesen fragen einnimmt, scheint mir von vorn herein insofern weniger glücklich gewählt, als von ihr aus die entscheidung gerade in diejenigen germanischen sprachen verlegt wird, welche das passiv und damit den allgemein [ausser von Paul und Brugmann] als sicher anerkannten masstab für die behandlung des urspr. ausl. *-ai* eingebüsst haben. Und zwar müsste, wenn Schm. recht hätte, im Ahd. und As. die endung der 1. und 3. sg. des passivs (das ja in vorhistorischer zeit auch im Ahd. und As. einmal existiert hat) von der endung der 1. und 3. sg. des schw. präteritums verschieden gewesen sein (für jene verlangt Schmidts theorie ahd. und as. *-e*, während diese auf *-a* ausgeht); im widerspruche mit dem Got., Nord. und Ags., wo passiv und schw. präteritum in der 1. und 3. sg. gleichen ausgang haben. Vgl. got. *haitada* pass.: *saiida* praet.; altn. *heite* 1. sg. pass.: *sette* 3. sg. praet. (das *a* der 1. sg. *setta* gehört urspr. nur dem conjunctiv an und entspricht urgerm. *-au*); ags. *hätte* pass. : *sette* praet. — Schmidt verweist mich auf seine theorie des germanischen dativs im 26. bde der Ztschr. f. vergl. sprachf. Es ist richtig, dass diese mit der bisherigen ansicht über die vertretung des *-ai* im Ahd. und As. in einklang steht und mit meinen resultaten über das präteritum kaum zu vereinigen ist. Aber ich kann nicht zugeben, dass diese differenz ohne weiteres zu ungunsten meines ergebnisses spreche; sie spricht nach meiner meinung gegen Schmidts auffassung des dativs. Das nähere wird im verlaufe dieses aufsatzes zur sprache kommen.

bereits mehrere anhänger gefunden. Im Althochdeutschen und Altsächsischen aber sind passivformen nicht erhalten, und da man den präteritalformen eine endung mit urspr. langem vocal gab, so ist es bisher überhaupt nicht gelungen, den wirklichen reflex des urspr. -ai in diesen beiden dialekten aufzufinden. Dies möchte die folgende untersuchung nachholen. Um für die beurteilung des Ahd. und As. eine sichere grundlage zu gewinnen, beschäftigt sie sich zunächst mit dem gotischen auslaute.

I. Ursprünglich auslautendes ai im Gotischen.

Die behandlung des urspr. auslautenden *ai* (= urarisch *ai* und *oi*) im Gotischen lässt sich in die einfache regel fassen: *ai* bleibt im auslaute einsilbiger wörter erhalten; im auslaute mehrsilbiger wörter dagegen verliert es seinen zweiten bestandteil. Zu unterscheiden von dem urspr. *ai* ist einerseits ein „secundäres" *ai*, das seine stellung im mehrsilbigen auslaute erst einer jüngeren formübertragung verdankt, andrerseits das urspr. -*ōi* (= urarisch -*āi* und -*ōi*), das im Gotischen überall zu -*ai* geworden ist. Darnach scheiden sich die hier zu behandelnden fälle in folgende gruppen:

1) Urspr. -*ai* in einsilbigen wörtern = got. -*ai*.

got. *þai* „diese" (nom. plur. masc.) — urgerm. *þai, urarisch **toi;* vgl. altind. *té,* altavest. *tōi* (= jungavest. *tę*), dor. *toi,* lat. *is-tī,* asl. *ti,* lit. *tē.*

got. *twai* „zwei" (nom. masc.) = urgerm. *twai,* mit pronominaler pluralendung (Scherer z. GDS.² 576), an stelle des urar. duals **duŏ(v),* welchem altind. *duá, duáv* (neben *dvá, dváv*), avest. *dva,* gr. *δύω* u. *δύο,* lat. *duo,* ir. *dá* u. (ohne substantiv) *dáu, dó,* aslov. *dŭva,* lit. *dù* [1]) entsprechen.

got. *bai* „beide" — urgerm. **bai,* gleichfalls aus einem

[1]) **Mahlow** D. langen vocale s. 98 will in *twa þusundja* Esdr. 2, 14 einen nom. du. fem. auf urspr. -*ai* sehen, da got. *þusundi* sonst stets femininum sei. Joh. Schmidt KZ. 26, 43 und Meringer ebd. 28, 234 stimmen ihm bei. Mir scheint kein ausreichender grund vorhanden, von der erklärung des *twa þusundja* als ntr. plur. abzugehen, zumal auch im Ahd. das zahlwort für 1000 als femininum und neutrum flectiert wird. Vgl. **Braune** Got. gr.² § 145, Ahd. gr. § 275.

urspr. dual (urar. *abhṓ(v)? [1])) in den plural übergeführt; vgl.
altind. *ubhā́*, *ubháv*, avest. *uva* (s. Geldner Metrik d. j. Avesta
s. 21 f.), gr. ἄμφω, lat. *ambo*, asl. *oba*, lit. *abù*.

got. *wai* „wehe" — urgerm. *wai* [2]). Fick (Wb.⁵ 2, 657.
3, 279) vergleicht lat. *vae*, lett. *wai*; man wird damit auch
lit. *wai-* in *waitoju* „wehklagen, jammern" verbinden müssen.
Dasselbe *wai* sieht Bezzenberger (D. got. adverbien u. partikeln s. 89) in got. *wai-nei* „möchte doch, wenn doch".

got. *sai* „ecce" = urgerm. *sai*. Bezzenberger (a. a. o.
s. 92) hat dieses *sai* von *saihvan* getrennt und vermutet, dass
es zum pronominalstamme *su* gehöre. Osthoff (PB. Beitr.
8, 311) deutet es ansprechend als *sa+id* — ved. *sḗd* (d. i. *sá*
íd) „der eben, der gerade".

got. *jai* „ja" (neben gleichbed. *ja*) scheint seiner bildung
nach dem griech. *ναί* zu entsprechen. Doch ist die entstehung
dieser partikel noch nicht hinreichend aufgeklärt.

2) Secundäres got. *-ai*.

Ebenso wie in den einsilbigen wörtern ist der diphthong
ai in einigen fällen auch im auslaute mehrsilbiger wörter behandelt. Eine nähere prüfung derselben lehrt aber, dass in
ihnen der auslautende diphthong teils durch den auslautenden
diphthong einsilbiger formen, teils durch den inlautenden diphthong mehrsilbiger formen beeinflusst ist.

Hierher gehört zunächst der nominativ plur. masc. der
starken adjectiva, z. b. *blindai*, welchen bereits Sievers PB.
Beitr. 2, 111 [3]) zutreffend beurteilt hat. Wäre das *-ai* regel-

---

[1]) Vielleicht gab es für den begriff „beide" in der ursprache zwei
wörter *abhṓ(v)* und *ubhṓ(v)*. Auf die erstere form weisen die europäischen, auf letztere die ostarischen sprachen. Dass ind. *ubhā́u* nicht auf
ambh beruhe, hat bereits Bezzenberger Gött. gel. anz. 1879 s. 921
bemerkt. [2]) Man kann auch urgerm. *wōi* — urar. *wāi* ansetzen,
namentlich wenn man damit homer. *ᾶ* d. i. *sᾶ* verbindet. — Got. *wai*
hängt offenbar mit got. *waja-* in *wajamērjan* und dessen ableitungen zusammen (vgl. Bezzenberger Got. adv. s. 92, Bremer PB. Beitr. 11, 50).
Es folgt aber daraus nicht, dass got. *wai* innerhalb des Gotischen aus
einem *ja*-stamme entwickelt sei; die differenz kann eben so wohl aus
vorgermanischer zeit stammen. [3]) Man vgl. ausserdem Mahlow D.
langen vocale s. 95 f. und J. Schmidt KZ. 26, 44. In einer für die
vorgeschichte der form *blindai* wichtigen frage sind die meinungen geteilt. Nach Mahlow ging dem nom. *blindai* eine form mit nominaler
flexion (* *blindōs*) vorauf; die pronominale flexion ist hier nach seiner

recht behandelt, so würden wir im Gotischen statt jenes *blindai*
die form **blinda* [1]) finden. Die lautgesetzliche entwickelung
aber ist gestört zunächst durch den nominativ *þai*, der als
einsilbige form seinen diphthong wahrte, sodann wol auch
durch die neben *blindai* liegenden pluralformen mit inlau-
tendem *ai*: gen. *blindaizē* (über dessen diphthong man Sievers a. a. o. nachsehen wolle) und dat. *blindaim*.
Ähnlich wie *blindai* ist nach meiner meinung die 3. sing.
optat. praes. aufzufassen, z. b. *nimai*. Got. *nimai* geht, wie
man weiss, auf urgerm. **nemai*, urspr. **nem-oi-t* zurück; vgl.
altind. *bhár-e-t*, av. *bar-ōi-þ*, gr. *φέρ-οι* aus **φέρ-οι-τ*, lat. *fer-e-t*
(in futur. function), asl. *nes-i* (als 3. sg. imper. gebr. — urspr.
nek-oi-t), lit. *te-suk-ē̆* (sogen. permissiv, *-ĕ* = urspr. *-oi-t*). Der
umstand, dass die form urspr. auf einen dental ausging, hat
Mahlow (D. langen voc. s. 55) veranlasst, anzunehmen, der
diphthong sei hier unter dem schutze des ehemals folgenden
consonanten erhalten. Die parallelen aber, welche M. anführt,
stehen mit unserem falle keineswegs auf einer linie; in *gibōs*,
dagans, brōþruns, nēmun, dagē u. s. w. handelt es sich um
auslautendes *s*, um nasal+consonant oder langen vocal+nasal,
d. h. um formen, in denen nach wirkung des consonantischen
auslautsgesetzes entweder hinter dem vocal noch ein consonant
(bezw. nasal + *s*) blieb oder der vocal zum nasalvocal umgestaltet war. In der 3. sg. opt. aber blieb nach dem verluste
des *t* kein schützendes element hinter dem nunmehr auslautenden diphthong übrig; das vocalische auslautsgesetz fand in

ansicht im starken adj. jünger als das lautgesetz, welches ausl. *ai* in *a*
wandelt. Richtiger scheinen mir Sievers und Schmidt die sache zu
fassen, wenn sie die pronominale flexion in diesem falle schon vor die
zeit setzen, in welcher *ai* in *a* überging. — Alle lassen übrigens *blindai*
ausschliesslich nach *þai* gebildet sein, während ich zugleich einwirkung
des inlautenden *ai* von *blindaizē* und *blindaim* annehme.

[1]) J. Schmidt (a. a. o.) sucht den grund der umgestaltung dieser
form **blinda* zu *blindai* darin, dass in **blinda* masculinum und neutrum
zusammengefallen seien. Handelte es sich allein um das Gotische, so
könnte man sich diese hypothese gefallen lassen. Aber wir werden unten
sehen, dass ahd. *blinte* ebenso wie got. *blindai* zu erklären ist. Das neutrum lautet ahd. *blint(i)u*, während urspr. *-ai* in mehrsilbigen wörtern
zu ahd. *-a* wird. Für das Ahd. also trifft Schmidt's annahme nicht zu,
und dadurch scheint sie mir auch für das Gotische an glaubwürdigkeit
zu verlieren.

6

*nemai nicht mehr gedeckten, sondern schon offenen auslaut vor. Es lässt sich umgekehrt eine parallele dafür beibringen, dass ein ursprünglich auslautendes *t* für die wirkung des vocalischen auslautsgesetzes auf den vorhergebenden vocal gleichgültig ist, nämlich die 3. sing. opt. des präteritums, z. b. got. *něm-i* und *nasi-děd-i*. Der auslautende vocal ist in diesen formen genau so behandelt, wie im nom. sing. der sogen. contrahierten *jā*-stämme, z. b. *maw-i*, *band-i*, obwohl im ersteren falle urspr. -*it*, im letzteren falle urspr. -*i* zu grunde liegt. Somit werden wir darauf verzichten müssen, das -*ai* in *nimai* durch den urspr. auslautenden dental zu rechtfertigen, und es bleibt, so viel ich sehe, nur übrig, auch hier, wie in *blindai*, eine störung des regelrechten lautwandels durch formübertragung anzuerkennen. Der optativ des präsens ist in der 1. sing. durch die endung -*au*, in allen übrigen personen durch den diphthong -*ai*- als bestandteil der endung charakterisiert. Im anschlusse an die übrigen formen des optativs blieb der diphthong, welcher dem opt. praes. sein specielles gepräge gibt, der sonstigen lautregel entgegen, in der 3. sing. erhalten, oder er wurde dort (falls er gemäss der lautregel zu *nima* geworden war) aus den übrigen personen wiederhergestellt [1]).

Zu den formen, welche im auslaute ein secundäres -*ai* durch formübertragung erhalten haben, rechne ich endlich auch die 2. sing. des imperativs der *ai*-verba z. b. *habai*. Schon

---

[1]) Fr. Hanssen nimmt in seinem anregenden aufsatze „der griechische circumflex stammt aus der ursprache" (KZ. 27, 612 ff.) an, die erhaltung des *ai* in der 3. sg. des opt. beruhe, wie die geschliffene betonung in dem entsprechenden lit. *tè berě*, auf ursprünglicher circumflectierung (s. 614). Wäre dies richtig, so würde ich erwarten, dass die erhaltung des ausl. *ai* im Gotischen auch in den übrigen fällen aus der urspr. betonung sich erklären liesse. Aber schon beim nom. plur. der adjectiva, wie *blindai*, lässt sich dieser gesichtspunkt nicht durchführen; wenigstens schliesst sich hier Hanssen selbst (s. 617) der ansicht an, *blindai* beruhe auf übertragung von *þai*. Ausserdem ist mir fraglich, ob der lit. permissiv genügt um vorauszusetzen, die 3. sg. des opt. praesentis sei ursprünglich auf der endung betont gewesen; altind. *bháret* weist vielmehr auf betonung der stammsilbe. Bei differenzen dieser art zwischen der litauischen und der altindischen betonung ist es einstweilen, wo die geschichte des lettoslavischen accentes noch so wenig aufgehellt ist, jedenfalls gewagt, für das Germanische gerade von der litauischen betonung auszugehen.

eine vergleichung der germanischen sprachen unter einander ergibt, dass das -*ai*- in der *ai*-conjugation [1]) ursprünglich eine weit geringere ausdehnung hatte, als es im Gotischen der fall ist. So haben die untersuchungen von Möller PB. Beitr. 7, 747 ff., Sievers ebd. 8, 90 ff. und Kögel ebd. 9, 519 f. ergeben, dass das präteritum der *ai*-verba ursprünglich ohne mittelvocal gebildet wurde. Möller bemerkt zutreffend, das -*ai*- einiger endungen des präsens sei im Gotischen zum verbalstamm erhoben. So wenig, wie im präteritum, wüsste ich das -*ai* in der 2. sing. des imperativs mit dem bilde zu vereinigen, welches ich mir von dem urgermanischen bestande der *ai*-classe mache. Altnord. *haf* (vgl. Noreen Altn. gr. § 453, 4) macht auf mich den eindruck höheren alters als got. *habai* [2]). Letzteres wird im anschlusse an die 2. sing. ind. *habais* und die 2. plur. *habaiþ* neu gebildet sein. Eine derartige neubildung legten ja die übrigen „schwachen" conjugationen (mit ausnahme der vierten, wo *fulln* eine antiquität ist) nahe: *sōkei* neben *sōkeis* (2. sg.) und *sōkeiþ* (2. plur.), *salbō* neben *salbōs* und *salbōþ*.

3) Urspr. -*ai* in mehrsilbigen wörtern — got. -*a*.

In der arischen ursprache hatte auslautendes *ai* (wenn wir von einigen declinationsformen, namentlich locativen und dativen, absehen) seinen sitz vorzugsweise in den endungen des mediopassivs, vor allem im präsens und perfectum. Beide tempora sind im Germanischen bewahrt: das präsens passivi freilich schon im Gotischen nur noch in reducierter gestalt und in noch dürftigeren resten im Angelsächsischen und Altnordischen, das perfectum aber als sogen. „schwaches" präteritum in allen germanischen sprachen [3]). Diese formen geben uns

---

[1]) Vgl. den excurs am schlusse dieses aufsatzes. [2]) Daneben findet sich im Nordischen bei anderen imperativen derselben classe der ausgang -*e*, -*i* (s. Noreen a. a. o.). Mit recht sieht Heinzel (D. altnord. endsilben s. 426) in dieser endung einen rest der *ai*-conjugation. Aber auch im Nordischen, denke ich, beruht er auf einer — wenn auch recht alten — anlehnung an die 2. sing. auf -*er*, -*ir* und die 2. plur. auf -*ed*. -*id*. Die endungslosen imperative, welche später (mit ausnahme von *þege*) an die stelle der formen auf -*e* treten, stehen natürlich mit dem alten typus in keinem zusammenhange, sondern sind den starken verben und der *ja*-conjugation nachgebildet. [3]) Seinen endungen nach ist das schwache präteritum nur noch im singular vom activen („starken") präteritum verschieden. Medialen (intransitiven) oder passiven sinn hat es nur da

im Germanischen den sichersten anhalt, um die behandlung
des urspr. -*ai* im mehrsilbigen auslaute zu bestimmen. Im
dativ und locativ der *o*-stämme standen sich arisches -*oi* und
-*ōi* von vorn herein so nahe, dass sie leicht zusammenfliessen
konnten. In der endung der 3. sing. des optativs stand das -*oi*
ursprünglich im inlaute und vermag niemals sich der einwirkung des inl. -*oi*- der übrigen optativendungen zu entziehen.
Der diphthong der endungen des mediopassivs dagegen war
der gefahr der ablenkung nicht unmittelbar ausgesetzt.

---

gewahrt, wo auch die zugehörigen präsentia mediale oder passive bedeutung haben, also in der sog. 4. schw. *(na-)*conjugation und häufig noch
in der 3. schw. *(ai-)*conjugation. Was die hier vertretene auffassung des
schwachen präteritums anlangt, so möchte ich ausser auf meinen bereits
in der einleitung erwähnten aufsatz namentlich auf Johansson „Zur
flexion des schw. präteritums im Gotischen" KZ. 30, 547 ff. verweisen.
J. ist meiner beweisführung aufmerksam gefolgt und hat die untersuchung
seinerseits in erwünschter weise gefördert. Er identificiert den scheinbaren „zusatz" -*ēd*-, den wir in den gotischen präteritalendungen finden,
mit dem -*āt*-, bezw. -*āth*- der 2. und 3. dualis medii des altind. perfects.
Vom dual aus habe sich diese endung im Gotischen weiter verbreitet.
Damit ist die differenz zwischen dem Gotischen und den übrigen germanischen sprachen, über deren grund ich keine vermutung gewagt hatte,
ansprechend und für mich überzeugend erklärt. Aus Johanssons be-
obachtung und der unten im excurse gegebenen erklärung des diphthongs
der *ai*-verba folgt zugleich, dass die scheidung zwischen thematischem
-*s-the*, -*s-te* und unthematischem -*ā-the*, -*ā-te*, wie sie im Altindischen
(und im Avesta) bei der 2. und 3. dualis im medium vorliegt, ursprünglich in entsprechender weise auch in den übrigen arischen sprachen vorhanden war. — Auch eine von Wackernagel KZ. 30, 313 mitgeteilte
ansicht Behaghels berührt sich mit meiner auffassung des schw. präteritums. B. schlägt dort vor, die endung der 2. sing. des schw. präteritums mit ved. -*thās* = griech. -*θης* zu verbinden. Über die übrigen
präteritalendungen hat B. sich an jener stelle nicht ausgesprochen; ihren
dental scheint er durchweg mit jenem *th* zu verknüpfen. Wir bewegen
uns also zunächst in entgegengesetzter richtung, denn ich halte mich an
die 1. und 3. sing., bezeichne gerade die 2. als zweifelhaft und führe
den dental überall auf ursprachliche tenuis zurück. Auch geht B. —
soviel sich aus den 6 zeilen entnehmen lässt, auf welche sich Wacker-
nagels mitteilung beschränkt — nicht so weit, das präteritum einem
bestimmten tempus der ursprache gleichzusetzen. Aber wir treffen zusammen in dem allgemeineren resultate, dass der dental des schwachen
präteritums aus dem dentalen anlaute medialer personalendungen stammt
(wie nach Strachan BB. 13, 128 ff. und Zimmer KZ. 30, 198 ff. das kel-
tische *t*-präteritum seinen dental dem anlaute der medialendung *to* verdankt).

Im einzelnen lassen sich folgende fälle unterscheiden:

1. und 3. sing. praes. pass.: got. *bairada* — urgerm. **berai*[1]) und **beraðai*, urarisch **bhér-ai* (1. sing.) und *bhére-tai* (3. sing.), avest. *bair-ǧ* (1. sing.) und *barai-tǧ* (3. sing.), griech. φέρο-μ-αι und φέρε-ται.

2. sing. praes. pass.: got. *bairaza* — urgerm. **berazai*, urarisch **bhére-sai;* vgl. altind. *bhára-se*, avest. *bara-ɲhǧ*, griech. φέρῃ d. i. **φέρε-(σ)αι.*

1. 2. und 3. plur. praes. pass.: got. *bairanda* — urgerm. **berandai* — urarisch **bhéro-ntai* (3. plur.); vgl. altind. *bhdrante*, avest. *bare-ntǧ*, gr. φέρο-νται.

1. und 3. sing. praet.: got. *iddja* = urgerm. **ijai*, urarisch **iy-ai* (1. und 3. sing.), urspr. mediales präteritum der wz. *ei* „gehen" — lat. *ii* aus **ii-i* — **iy-ai* (vgl. über den medialen ursprung der endung *-i* des lat. perfects die im Am. J. of Phil. 9, 42 angeführte literatur)[2]).

1. und 3. sing. des sog. schwachen (urspr. medialen) präteritums z. b. got. *wissa, munda* = urgerm. **wissai* (aus **wittai*), **mun-dai*. Diese formen verhalten sich zu urarisch **vid-ai*, **me-mn-ai* (— lat. *me-min-i*) wie in der 1. sing. des passivs got. *haitada* (aus **haita-dai*) zu altn. *heiti* (aus **hait-ai*). Die endung *tai* ist vom präsens aus an die stelle des arischen *-ai*

---

[1]) Urgerm. **berai* wegen des altn. *heiti*, das ich mit Sievers PB. 6, 562 und J. Schmidt KZ. 26, 43 (vgl. auch Mahlow s. 98, sowie Scherer z. GDS. 197 — ² 307) für eine dem altind. *bhdre* entsprechende 1. sing. med. halte. Schmidt sucht s. a. o. nachzuweisen, dass das mittlere *a* in got. *haitada* auch ein gotisches **haita* — urgerm. *haitai* voraussetze. Ich halte die von Schm. angenommene entwickelung nicht für unmöglich, aber keineswegs, wie Schm., für „die einzig mögliche lösung". Das *a* kann auch, wie Sievers a. a. o. 563 annahm, aus der 8. plur. stammen. Schmidt wendet dagegen ein, im activ habe *haitis, haitiþ* nicht den vocal von *haitand* übernommen. Aber im activ haben ja auch die 1. und 2. plur. nicht, wie im medium, die form der 3. plur. angenommen; die activformen geben keinen genauen maasstab für die medialformen ab. Mir scheint Sievers' annahme einfacher, als die von Schmidt vorgetragene, und ich setze demgemäss — indem ich die übertragung des *a* als urgermanisch ansehe — urgerm. **beradai* (nicht **beridai*) an. ²) Ein zweites präteritum dieser art war urgerm. **dedai* — urar. **dhedh-ai* (altind. *dadhé*), urspr. mediales perfect der Wz. *dhǎ* „setzen, tun". Die form ist im Ostgermanischen verloren, aber im Westgermanischen als *deda* (as *deda*, ahd. *teta* u. s. w.) erhalten. Vergl. unten s. 88.

getreten, wie in der 3. sing. des mediopassiven perfects im Griechischen.

4) Urspr. -*ōi* = got. -*ai*.

Es handelt sich hier vorzugsweise um den dativ sing. der masc. (u. neutr.) *a*-stämme und der fem. *ō*-stämme. Diese formen sind die beiden letzten jahrzehnte hindurch wiederholt erörtert, aber noch immer stehen die verschiedensten ansichten einander gegenüber [1]). Mir scheint keine der bisherigen darstellungen ganz das richtige getroffen zu haben, wenn auch die einen in diesem, die andern in jenem punkte der richtigen lösung nahe gekommen sind. Eine eingehende kritik aller bisherigen deutungen beabsichtige ich hier nicht zu geben. Ich kann darauf um so eher verzichten, als erst kürzlich die arische form des dativs der *o*-stämme genauer festgestellt und damit die grundlage der erklärung allen früheren untersuchungen gegenüber eine andre geworden ist. Nur der unten am schlusse der anmerkung erwähnte aufsatz J. Schmidt's ist von den arischen auslautsgesetzen und den europäischen sprachen aus zu ähnlichen aufstellungen gelangt, wie sie die neugefundenen vedischen dativformen an die hand geben. Ich teile den standpunkt Schmidt's insofern, als auch ich für die masculina und neutra wie für die feminina eine doppelte dativform annehme. Aber Schmidt hat damit den standpunkt zu vereinigen gesucht, welcher in dem german. dativ der *a*-stämme einen locativ sieht und urspr. -*ai* im Ahd. und As. durch -*e* vertreten sein lässt. So wenig wie diese ansichten scheint mir Schmidt's erklärung des dativs der masculina u. neutra im einzelnen haltbar. Um die hier schwebenden fragen klarzulegen muss ich auf die vorgeschichte der german. formen näher eingehen.

Der dativ sing. der masc. *a*-stämme endigt im Altindischen beim nomen auf -*āya*, z. b. *vŗkāya*, während die entsprechenden pronomina auf -*ai* ausgehen, z. b. *tásmai*. Die endung -*āya*

---

[1]) Vgl. Scherer z. GDS.² 203. 205 f. 607 ff.; Braune PB. Beiträge 2, 161 f.; Paul ebd. 399 f. u. 4, 452 ff.; Sievers ebd. 5, 136; Leskien D. decl. im Sl.-Lit. u. Germ. 43 f. u. 126 ff.; Heinzel D. endsilben d. altnord. spr. (Abhandl. d. wien. ak. 1877) 426 ff.; Mahlow D. langen vocale 49 ff. u. 90 ff.; Möller PB. Beitr. 7, 489 f.; Bremer ebd. 11, 35 ff.; J. Schmidt KZ. 26, 43 f. u. „Die latein. adverbia auf *e* von *o*-stämmen und die singulardative d. german. pronomina" s. 3 ff. des sep.-abdr. aus d. Festgruss an Böhtlingk.

ist auf das Altindische beschränkt [1]); die übrigen sprachen weisen, in einklang mit dem -*āi* der altind. pronomina, auf ursprachliches -*ōi*. Da die sprache des Rigveda uns im allgemeinen, namentlich in ihrem formensysteme, das getreueste bild der ursprache gibt, so wird man zunächst zu der annahme neigen, es habe sich auch hier im RV. ein alter unterschied zwischen nominaler und pronominaler declination erhalten, der in den übrigen sprachen aufgegeben sei. Aber zwei gründe sprechen gegen diese ansicht. Zunächst lässt das Altiranische, das bei der urspr. *o-* und *ā*-declination dem Altind. an altertümlichkeit kaum nachsteht, auch die nominalen *a*-stämme auf -*ai* ausgehen. Sodann sind kürzlich im Rigveda durch Aufrecht (im Festgruss an Böhtlingk s. 1 ff.) und Pischel (Vedische studien s. 61 ff.) dativformen der *a*-declination auf -*ā* aufgedeckt worden. Ihnen folgend haben Ludwig D. Rigveda 6 s. 256 und Bartholomae BB. 15, 221 ff. weitere beispiele hinzugefügt; letzterer macht auch wahrscheinlich, dass in unseren texten für -*āya* mehrfach -*āi* (bezw. -*āy*) einzusetzen sei. Ferner haben Pischel und Bartholomae die tatsache beobachtet, dass auch das Avesta dative auf -*ā* neben denen auf -*āi* kennt. Unter diesen umständen wird es schon vom standpunkte der ostarischen sprachen aus wahrscheinlich, dass der nominale dativ der *a*-stämme ursprünglich die endung des pronominalen dativs teilte und dass beide in der indoiranischen epoche auf -*āi*, bezw. *ā* ausgingen. Das indische -*āya* wird somit als eine speciell indische umgestaltung der endung -*āi* gelten müssen, wenn auch der weg, auf welchem sie zu stande gekommen ist, einstweilen noch dunkel bleibt [2]).

---

[1]) Allerdings hat Mahlow D. lang. voc. s. 90 dies -*āya* mit dem avest. -*āi*, griech. -*ῳ* und lit. -*ui* zu identificieren gesucht; aber ohne, so viel ich weiss, jemanden zu überzeugen. Seiner erklärung der altiran. dative gegenüber vgl. Bartholomae Handb. d. altiran. dial. s. 95 anm. u. Ar. forsch. 2, 169. [2]) Bartholomae (Handbuch s. 95 anm., Arische forsch. 2, 169) will die endung *āya* aus *āi* + angefügtem *a* erklären; letzteres soll die enklitische form der präposition *ā* sein. B. glaubt dasselbe enklitische *a* in jungavestischen locativen wie *gaiþāhya, raodaẛiya, zastaia, jahmia* zu finden. Dass letztere die präposition *ā* (als postposition) enthalten, ist allerdings möglich; aber wie im instr. sg. der masc. *a*-stämme, im nom. sg. der fem. *ā*-stämme und sonst ausl. *ā* im jüngeren Avesta zu *a* verkürzt ist, so kann auch in ihnen das -*a* auf iranischem boden aus -*ā* entstanden sein. Die von B. angeführten formen also sind

Die zwillingsformen des indoiranischen dativs der *a*-stämme
fügen sich sehr gut ein in die resultate, zu welchen kurz vorher
die untersuchung der ursprachlichen sandhiregeln geführt hatte.
J. Schmidt nahm KZ. 27, 305 u. 369 ff. an, urspr. *ēi* und *ōi*
seien vor consonanten und im auslaute schon in der ursprache
zu *ē* und *ō* geworden. Daran knüpfte W. Schulze ebd. 420 ff.
seine theorie ursprachlicher *āi*-wurzeln, deren *āi* vor vocalen
als *āy* erhalten bleibe, vor consonanten und im auslaute dagegen
sich in *ā* wandle. In einem excurse wies Schulze auf ähnliche
verhältnisse bei den *āu*-wurzeln hin, wobei er got. *ahtau* auf
urspr. *oktōu* zurückführte. Bald darauf gelang es Meringer,
KZ. 28, 217 ff., festzustellen, dass der wechsel zwischen *ōu* und
ō = altind. *āu* und *ā* im nom.-acc. du. der *o*-stämme zu den
sandhierscheinungen der ursprache gehöre. Der aufsatz Me-
ringers ist insofern besonders wichtig, als er zeigte, dass im
Rigveda der austausch zwischen *āu* und *ā* in den dualformen
tatsächlich noch den charakter eines (wenn auch nicht mehr
überall streng innegehaltenen) sandhi trägt. Die vocale *i* und *u*
(bezw. die halbvocale *y* und *v*) scheinen in der ursprache
überhaupt, wo sie am ende des wortes hinter einem *a*, *ē*, oder
ō standen, beweglich gewesen zu sein, und zwar in der art,
dass sie nur vor vocalischem anlaute des folgenden wortes sich
hielten, dagegen vor consonantischem anlaute und im absoluten
auslaute abfielen [1]).

In diesem zusammenhange begreifen sich die ostarischen
dative auf -*āi* und -*ā* als nachkommen urarischer sandhiformen
oder „satzdoubletten" (vgl. Bartholomae a. a. o., J. Schmidt

---

nicht einmal für das Iranische beweiskräftig, noch viel weniger für das
Indische.

[1]) Dies gilt nicht nur von ausl. *i* und *u*, sondern bis zu einem gewissen grade von den sonoren in gleicher stellung überhaupt. Ferner
hängt damit z. b. Schmidt's ansicht zusammen, dass bereits in der
ursprache jeder nasal zwischem langem vocale und auslautendem *s* ge-
schwunden sei. Die untersuchung aller dieser fragen ist noch im flusse
begriffen; die neuen lösungen haben stets wieder neue rätsel aufgegeben.
Auf das einzelne einzugehen ist für den zweck der vorliegenden untersuchung nicht erforderlich; ich verweise auf J. Schmidt KZ. 26, 337 ff;
Bremer PB. Beitr. 11, 88 f.; Brugmann Grundr. 1, s. 490 ff.; Meringer
Zs. f. d. österreich. gymn. 1888 s. 132—139. — Einige belege für den
bisher noch nicht beobachteten sandhi *am : ā* werde ich weiter unten
beim locativ sg. fem. (s. 22) geben.

D. pluralbildg. d. idg. ntr. 234 f. anm.).) Die endung -*a* ver-
hielt sich zu -*ai* ursprünglich etwa wie franz. *a* in „*il y a*" zu
at in „*y a-t il*". Noch bevor die indischen und iranischen
dative dieser art aufgefunden waren, hatte J. Schmidt eine
solche doppelte bildung des dativs von den europäischen sprachen
aus für die ursprache erschlossen. Er sah in nominalformen
wie lat. *populō*, got. *vulfa* und in pronominalformen wie preuss.
kasmu, got. *hvammē-h*, ahd. *hwemu* spuren ursprünglicher dative
auf -*ē* und -*ō*, die er als sandhiformen diphthongischer dative,
wie z. b. der griech. dative auf -*ψ*, fasste (D. lat. adverb. u. s. w.
— im Festgruss an Böhtlingk — s. 3) ¹).

Die erkenntnis, dass dative auf -*ō* als sandhiformen der
dative auf -*ōi* in der ursprache existierten, macht es möglich,
den gotischen dativ der *a*-stämme, z. b. *wulf-a*, in welchem
man früher einen locativ oder instrumental oder ablativ glaubte
sehen zu müssen, als wirklichen dativ zu fassen. Er entspricht
der urspr. pausaform auf -*ō* genau ebenso, wie die 1. sing.
got. *baira* auf urspr. *bhérō — gr. φέρω, lat. *fero* zurückgeht.
Zur bestätigung dienen die pronominal- und adjectivformen,
z. b. *hvamma, hvarjamma, hvaþaramma, ainumma*. Denn neben
ihnen liegen formen, die schon vor der wirkung des vocalischen
auslautsgesetzes mit den partikeln -*hun* und -*(u)h* verwachsen
waren. In diesen ist der lange vocal unter dem schutze des
inlautes erhalten: *hvammē-h, þishvammē-h, hvarjammē-h, ainhvar-
jammē-h, ainhvaþarammē-h, ainummē-hun.*

Schwierigkeiten macht dabei nur die färbung des langen
vocals der pronominalformen. Ausserhalb des Germanischen
hat die *ē*-färbung meines wissens so wenig, wie im gen. pl. *dagē*
einen anhalt ²). Aber auch in einer anderen germanischen
sprache ist es, so viel ich sehe, nicht nachgewiesen ³). Ueber-
haupt liegt die herkunft des got. *ē* in endsilben und sein ver-

---

¹) Fraglich ist mir, ob Schmidt's annahme von dativen auf -*ē* in
den italischen sprachen zulässig ist. Das *e* in umbr. *popie*, pusme kann
auf -*oi* zurückgeben wie im dat.-abl. plur. *popler*. Entsprechend hat ja
das Umbrische im dat. sg. der fem. *ā*-stämme *tote* aus *toutai* = osk.
tovtae, lat. *totae*. Schmidt setzt, ohne diese auffassung zu widerlegen,
das Umbrische in widerspruch mit den übrigen italischen dialekten.
²) Über das vermeintliche urspr. *ē* in umbr. pusme vgl. d. vor. anm.
³) Für das *e* in ahd. *wolfe*, as. *wulþe*, welches Bremer PB. Beitr. 11, 36
und J. Schmidt D. lat. adv. u. s. w. s. 3 hierher ziehen, wird sich uns
weiter unten eine andre erklärung ergeben.

hältnis zu den vocalen, welche ihm in den übrigen germanischen
sprachen zur seite stehen, noch sehr im unklaren [1]). Dürfen
wir nun einzig auf grund der got. pronominalformen der ursprache mit Bremer und J. Schmidt einen dativ auf *ē(i)*
zuweisen? Ich wage nicht, diese frage zu bejahen. Einstweilen,
glaube ich, können wir nur behaupten, dass im Gotischen in
mehreren fällen ein *ē* in endsilben einem *ō* der verwanten
sprachen und vorhistorischem *ō* der übrigen germanischen
sprachen parallel geht. Ob das *ē* in unserem falle altererbt
ist (ich würde es dann zu den ursprünglichen besonderheiten
der pronominalen declination rechnen) oder ob es innerhalb
des Gotischen auf lautlichem oder formellem wege an die stelle
eines älteren *ō* getreten ist, wird weitere forschung lehren müssen.
Unter diesen umständen halte ich es auch nicht für ausgemacht,
dass das *a* in *hvamma* unmittelbar aus dem *ē* in *hvammēh* verkürzt ist. Es kann auch aus einem gleichwertigen, nur in der
färbung verschiedenen **hvammō* verkürzt sein. Für letzteres
spricht ahd. *hwemu*, dessen *u* notwendig älteres *ō* voraussetzt.
Noch weniger halte ich für die nominalen dative, wie *wulfa*,
die annahme einer vorstufe **wulfē* für nötig oder auch nur
wahrscheinlich.

Die componierten pronominalformen wie *hvammēh* sind auch
insofern wertvoll, als sie lehren, dass *hvamma* nicht locativ ist;
denn der locativ würde in verbindung mit *(u)h *hvammaih* lauten.
Auch das Althochdeutsche und Altsächsische stehen der annahme

---

[1]) Ich beabsichtige hiermit den verdienstlichen untersuchungen Mahlows (D. lang. voc.), Möllers (PB. Beitr. bd. 7) und Bremers (ebd.
bd. 11) nicht zu nahe zu treten. Sie alle scheinen mir aber das gebiet
des *ī* viel zu weit auszudehnen. Ich halte namentlich keinen der fälle
für gesichert, in welchen man nach ihrem vorgange einen übergang von
urspr. *ēi* zu germ. *ai* sieht. Mit guten gründen hat sich Johansson
De verb. contr. s. 176 ff. gegen die annahme dieses lautwandels erklärt.
Er macht z. b. gegen die herleitung des altnord. *fleiri* aus *plē-jes-* mit
recht geltend, dass germ. **flais-* mit lat. **plois-* in *ploera* (Cic. de legg.
3 § 6) = *plūra* sich decke. Für die verba *saian* und *vaian* setzt Johansson (s. 188) eine urspr. *mi*-flexion neben der *ō*-flexion voraus. Einfacher erklären sie sich wol, wenn man annimmt, dass bei ihnen — wie
es auch bei andern verben der redupl. klasse vorkommt — schon in
urgerman. zeit der vocal des präteritums in das präsens gedrungen war,
so dass *saian*, *vaian* zunächst auf **sējan*, **wōjan* zurückgehen würden.
Letztere formen würden sich zu lit. *sėju*, asl. *sėją* hinsichtlich ihres ab-
lautes ebenso verhalten wie ahd. *tuom* zu griech. τί-ϑη-μι.

entgegen, dass *hvamma* und *wulfa* locative seien. Wir hätten dort als endung des locativs *-a* zu erwarten. Aber neben dem pronominalen dative auf *-u* kommt im Ahd. und As. kein *-a* vor, und das *-a*, welches sporadisch neben dem *-e* des nominalen dativs auftritt, wird man, wie in anderen ähnlichen fällen, als jüngere nebenform des *e* ansehen müssen. Beim pronomen also ist der locativ früher ausgestorben als der dativ, und letzterer hat die function des locativs nicht durch lautlichen zusammenfall beider casus, sondern auf syntaktischem wege erhalten. Dieselbe entwickelung darf für die nomina in anspruch genommen werden.

Eine andre ansicht hat J. Schmidt in seinem aufsatze „Die vertretung der urspr. auslautenden *oi* und *ai* im Gotischen" KZ. 26 s. 42—45 zu begründen gesucht. Ihm gilt nicht nur got. *wulfa* sondern auch altn. *úlfi*, ags. *vulfe*, as. *wulbe*, ahd. *wolfe*, also der dativ der altgermanischen dialekte überhaupt als ursprünglicher locativ [1]). Den beweis für diese annahme findet er darin, dass die endung der german. dative überall der endung locativischer adverbia wie got. *inna*, an. *inni*, ags. *inne*, as. *inne*, ahd. *inne* entspreche [2]). „Die genannten adverbia *inna* u. s. w." behauptet er „sind ruhelocative". Allerdings sind sie ortsadverbia der ruhe, aber müssen sie deshalb auch urspr. locative sein? Man vergleiche die folgenden adverbia:

ved. *átra* hier, da, *adharát, adharáttát, adhás, adhástát* unten, *apākā́* fern, *ihá* hier, *uccá* oben, *kúha, kuhayá* wo, *tátra* dort, *parás* fern, *paçcá, paçcát* hinten, *purás, purastát* vorne, *prák* vorne, *yátra* wo.

avest. *apra, avapra* dort, *ida, idafca, idāṭ, iyada* hier, *kupra* wo, *pasca, paskaṭ* hinten, *yapra* wo.

griech. ἀγχοῦ nahe, ἕκαϑεν (ἕκαϑεν δέ τε ἄστυ φάτ' εἶναι ϱ 25), ἑκάς fern, ἔνδοϑεν (z. b. δ 74), ἔνδον, ἐντός innen, ἔνερϑε (οἱ ἔνερϑε ϑεοί Ξ 274) unten, ἔνϑα, ἐνϑάδε, ἐνταῦϑα hier, da,

---

[1]) In dem aufsatze üb. d. lat. adverbia u. s. w. ergänzt Schm. diese auffassung dahin, dass in jenen dativen ein urspr. dativ auf *-ā* mit dem locativ auf *-oi* lautgesetzlich zusammengefallen sei. Man wird aus dem vorhergehenden entnehmen, dass ich auch dieser erweiterten fassung nicht beizustimmen vermag. [2]) In dieselbe kategorie mit den von Schm. zusammengestellten formen gehört auch got. *samana* „zusammen, zugleich", ags. *to-samne*, afries. *to-semine*, as. *at-samne* (*at-samna* 146 M, 2006. 2871 C), *te-samne*, ahd. *zi-sumane*.

ἔξω draussen, ἥ, ᾗ wo, πρόσθεν vorn, σχεδίην, σχεδόθεν (σχεδόθεν δέ οἱ ἦεν ὄλεθρος Π 800), σχεδόν nahe, in der nähe,
τῇ, τῇ, τῇδε da, τῆλε, τηλοῦ fern.

    lat. *extra* (*extrad* SC. de bac. z. 16), *infra, intra, intus,
quacunque, supra* (*suprad* SC. de bac. z. 21. 24).

    asl. *nizu* infra, *tamo* illic.

    lit. *czonaí, szíczonai* hier, *ténai* dort.

Sie alle stehen ihrer bedeutung nach mit got. *inna, ūta,
iupa* u. s. w. auf einer linie. Und doch ist vielleicht kein
einziges unter ihnen ein urspr. locativ. Dagegen sind manche
deutlich ablative, instrumentale, dative, genitive, accusative.
Dass es auch ortsadverbia gibt, die ursprünglich locative waren,
bestreite ich natürlich nicht. Aber ich kann mich nicht dazu
verstehen, ein ortsadverbium der ruhe ohne weiteres auf den
urspr. locativ zu beziehen. Gerade die bedeutung der richtungs-
und ortsadverbia ist vielfachen schwankungen unterworfen [1]).
Adverbien, welche ursprünglich die bewegung nach einem orte
hin oder von einem orte her ausdrücken, können allmählich
die bedeutung der ruhe an einem orte annehmen und umgekehrt.
Daher kann jeder casus, der zur adverbialbildung dient (also
jeder casus mit ausnahme des nominativs) im laufe der zeit
die ruhe an einem orte bezeichnen.

    Somit stehen für die deutung der german. ortsadverbia,
welche Schmidt ohne weiteres für urspr. locative nimmt, von
vornherein ebenso viele möglichkeiten offen, wie für die erklärung
des germ. dativs, dessen endung sie ja im Gotischen wie in den
übrigen german. sprachen teilen. Ich halte sie demgemäss für
dative [2]) indem ich annehme, dass sie im Urgermanischen,
ebenso wie der dativ, doppelformen (auf -ō und -ōi) hatten
und dass in den einzelnen sprachen nur eine dieser doppelformen — und zwar dieselbe, wie beim dative — sich hielt.

---

    [1]) Das zeigt sich sogleich bei den adverbien, die mit got. *inna* u. s. w.
auf einer stufe stehen. Z. b. got. *iupa* heisst „oben‘‘, aber in *pizos iupa
laponais guþs* kann es nur als „nach oben‘‘ gefasst werden; as. *ūta* heisst
„aussen‘‘ aber Hel. 553 „hinaus‘‘. Man vgl. ferner die ags. adverbien auf
-an wie *ufan, feorran* (Sievers Ags. gr. § 321) die sowohl auf die frage
„wo‘‘ wie „woher‘‘ stehen, die griechischen auf -θεν u. s w.   [2]) Dann
würden sich got. *samana*, ahd. *zi-samane* u. s. w. zu ved. *samaná* verhalten wie der adverbielle dativ lit. *paskuî* zu den adv. instrumentalen
ved. *paçeî*, gr. πῇ, got. *hvē*.

Im Gotischen existieren ja noch zwillingsformen bei mehreren adverbien, wenn auch nicht bei ortsadverbien: *ibai* und *iba*, *nibai* und *niba*, *þauhjabai* und *þauhjaba*, *jai* und *ja*[1]). Meine auffassung der dativischen ortsadverbien steht also derjenigen sehr nahe, welche Paul PB. Beitr. 4, 471 vorgetragen hat. „An dieser stelle" sagt er „müssen wir auch die adverbia in betracht ziehen, die auf -*e* (-*a*) = altn. -*i* ausgehen: ahd. alts. *inne* (-*a*), altfr. ags. *inne* (wovon altfr. *inna* — *innan* zu scheiden ist), altn. *inni;* ahd. *uzze*, alts. *ūte*, -*a*, altfr. ags. *ūte*, altn. *úti;* ahd. *ūffe*, alts. *uppe*, -*a*, altfr. *uppe*, *oppe*, ags. *uppe*, altn. *uppi*. Wie stellen sich diese zu got. *inna*, *ūta*, *iupa?* Es liegt am nächsten, sie auf **innai*, *ūtai*, *iupai* zurückzuführen, die sich zu den got. formen verhalten würden, wie *ibai* zu *iba*."

Ehe ich das kapitel der ortsadverbia verlasse, möchte ich noch hervorheben, dass es neben den präpositionaladverbien, welche die endung des dativs teilen, andere gibt, deren endung im Gotischen wie im Ahd., As. u. s. w. zum schwachen präteritum stimmt. Dahin gehört zunächst got. *faura* „vorn, vorher" — ahd. *fora* (nebst *bi-fora*, *hiar-fora*, *thar-fora*), as. *fora*, ags. *fore* (im As. und Ags. nur als präposition gebräuchlich). Diese formen führen auf urgerm. **furai*, das sich zu homer. παραι- in παραιβάτης, lat. *prae*, altgall. *are* — ir. *ar-*, *air-*, *er-*, asl. *pri*, lit. *prē* (woraus *pri-*) stellt. Mir scheint darin der dativ (nicht, wie bei den vorherigen adverbien ein dativ der *a*-decl., sondern der consonantischen declination — urar. *p'r-ai'*) eines alten wortes vorzuliegen, dessen casusformen schon in der ursprache zu adverbien erstarrt waren. Der zugehörige instr. ist in ved. *purá* — av. *para*, der gen.-abl. in ved. *purás* — av. *parō* — gr. πάρος, der local (nach J. Schmidt KZ. 26, 30) in urgerm. *furi-*, *for* erhalten. Ferner: got. *ana* als adv. (Mt. 27, 7, Mc. 11, 7. 8, 23) „hinauf, darauf" = ahd. *ana* (Graff 1, 273); got. *innana* „innen" — ahd. *innana* (Graff 1, 296); got. *ūtana* „aussen, ausserhalb" = ahd. *ūzzana* (auch *ūzzan*, *ūzzena*, Graff 1, 537). Vgl. ferner ahd. *oba* und *obana* „oben" (Graff 1, 78 f.), *nidana* „unten, von unten" (Graff 2, 994), *ferrana* „fern, aus der ferne" (Graff 3, 660), as. *obana* „von oben her", *nidana* „von unten", *forana* „von vorn" u. a.

---

[1]) Vielleicht sind diese adverbia dative femininer *ō*-Stämme; *nibai* stimmt zu got. *gibai*, während *niba* sich mit ahd. *gibu* vergleichen würde.

Ich kehre hiernach zurück zu der frage, ob *hvammëh*,
hvamma und *wulfa* etwas anderes als dative sein können. Man
hat in ihnen ablative sehen wollen (Paul PB. Beiträge 2, 239 ff.;
vgl. Möller ebd. 7, 490 und Bremer ebd. 11, 35 f.). Vom
standpunkte der lautlehre aus könnte man sich diese deutung
gefallen lassen [1]. Aber wir bedürfen ihrer nicht, um die germanischen formen zu erklären. Beim femininum, wo im dativ
eine ähnliche formenverschiedenheit herscht, wie beim masculinum, ist wie wir weiter unten sehen werden (s. 23) an den
urspr. ablativ nicht zu denken. Da nun in keiner germanischen
sprache der ablativ als selbständiger casus mehr lebendig ist,
keine germanische declinationsform eine sichere spur desselben
enthält, endlich der ablativ schon in der ursprache ein be-
schränktes gebiet hatte (vgl. Leskien Decl. 35 f., Mahlow
a. a. o. 133 ff., J. Schmidt a. a. o.), so wird von vorn herein
wahrscheinlich, dass der ablativ im Germanischen schon früh
ausgestorben ist und nicht mehr unmittelbar in einem der casus
der a-declination gesucht werden darf. Dies wird bestätigt
durch ein argument, welches Möller PB. Beitr. 7, 489 beibringt.
Wäre got. *daga* wirklich ein ablativ, so müssten wir erwarten,
die ahd. instrumentalform auf -*u*, welche lautlich dem got.
dative auf -*a* entspricht, auch in ablativischer verwendung zu
finden. Aber bei präpositionen der entfernung steht nicht der
ahd. instrumental sondern der dativ: *fon thesemo dage*, während
es z. b. *mit rehtu* heisst.

Es bliebe also nur noch die möglichkeit übrig, dass der
got. dativ zugleich den urspr. instrumental enthielte. Hier ist
zunächst zu bemerken, dass die pronominalformen wie *hvamma*,

---

[1] Mahlow (D. lang. voc. 54. 59. 131) und J. Schmidt (D. lat.
adv. a. a. o.) sehen zwar urspr. ablative in den got. adverbien auf -*ö*.
Aber wer mit mir der meinung ist, dass urspr. ausl. *t* im Germanischen
vor der wirkung des vocal. auslautsgesetzes abfiel und dass die vocale,
welche vor urspr. ausl. *t* standen, ebenso behandelt sind wie die urspr.
im unmittelbaren auslaut stehenden vocale (vgl. ob. s. 6), dem wird diese
deutung nicht so zweifellos erscheinen, wie Schmidt. Ich sehe einstweilen keinen anderen weg, den ausl. langen vocal der adverbia auf -*ö*
zu erklären, als den von Osthoff KZ. 23, 90 ff. vorgeschlagenen, wonach
das *ö* aus urspr. -*äm* herzuleiten wäre. Durch die bedenken, welche
Mahlow (a. a. o. 56 ff.) gegen diese annahme Osthoffs und gegen
Pauls auffassung des accusativs der fem. ö-stämme (Germ. 20, 105)
geltend macht, scheint mir die ganze frage noch nicht erledigt.

hvamme̊-h nicht instrumentale sein können. Denn neben ihnen ist der instrumental (wenn auch im Got. nur im neutr. und zwar in adverbieller verwendung) [1]) selbständig in abweichender form vorhanden, z. b. *hve̊*. Dies *hve̊* verhält sich zu *hvamma* ähnlich, wie im Altindischen der instr. *kéna* [2]) zum dativ *kásmāi* und im Avesta der instr. *kā* zum dativ *kahmāi*. Die stammerweiterung mit *-smo-* welche in urar. **qosmō(i)* (ai. *kásmāi*) = got. *hvamma* vorliegt, beschränkte sich in der ursprache auf den dativ, ablativ und locativ, war aber dem instrumental fremd. Wenn also got. *hvamma* den instrumental (ausser wo er zum adverbium erstarrt war) mit vertritt, so handelt es sich auch hier, wie beim locativ, nicht um lautlichen zusammenfall sondern um syntaktische verschiebung. Dadurch ist aber die möglichkeit nicht ausgeschlossen, dass dativ und instrumental beim nomen lautlich zusammengefallen sind; denn diesem war die erweiterung durch urspr. *-smo-*, welche beide formen beim pronomen trennt, von jeher fremd. Angesichts der tatsache, dass in anderen altgerman. dialekten ein selbständiger instrumental noch existiert, kann der ansicht, dass got. *daga* neben dem dativ zugleich den urgerm. instr. **dagō* enthält, ein hoher grad von wahrscheinlichkeit schwerlich abgesprochen werden. Vielleicht mag ja gerade der umstand, dass bei den nomina der *a*-declination beide casus zusammenfielen, dazu beigetragen haben, dass im Gotischen der instr. durch den dativ verdrängt ist.

Wir können uns nunmehr zum dativ der femin. *ō*-stämme (d. h. der urar. *ā*-stämme) wenden.

Im Altindischen hat der dativ der entsprechenden nomina die endung *-āyai* (dem im Avesta *-aĵāi* gegenübersteht); die pronomina haben statt dessen *-syāi*. Nur die pronominale endung hat im Germanischen ein unmittelbar entsprechendes gegenstück. Bei den nomina dagegen weisen die germanischen sprachen, ebenso wie die europäischen sprachen überhaupt, nicht auf urar. *-āyāi* sondern auf *-ai* [3]). Neben diesem *-āi*

---

[1]) Im Ahd. begegnet diese form des instrumentals bekanntlich auch noch beim masc. und in adjectivischem gebrauche: *blintu* (instr.) gegen *blintemu*, *blintemo* (dat.). [2]) Über die endung *-ena* vgl. Scherer z. GDS.² 355, Mahlow 85, J. Schmidt KZ. 27, 292. [3]) Die ostarische endung wäre nach J. Schmidt KZ. 27, 380 ff. als urspr. endung der *ōi*-stämme anzusehen und auf urspr. *-ōyāi* zurückzuführen. Bedenklich

dürfen wir schon nach der analogie der masculina und neutra
eine urspr. sandhiform ohne das ausl. *i* vermuten und damit
stehen die fem. dative auf -*ā*, welche sich tatsächlich in den
europ. sprachen finden, in einklaug. Ich halte für vollkommen
richtig, was J. Schmidt D. lat. adv. s. 3 anm. darüber bemerkt:
„Wie bei den masc. neutr. -*ōi* und *ō*, so liegen im dat. fem.
neben einander -*āi* und *ā:* osk. *aasai* und lat. *matre Matuta*
u. s. w. CIL. I index p. 603, praenestin. *Fortuna primogenia*
Hermes 19, 453, falisk. *Menerva* Zvetaieff I. I. I. 70, ebenso im
Germanischen got. *gibai*, ags. *giefe* und an. *vöku, gjöf*, ahd. as.
gebu, deren *u* aus urgerm. -*ō*, vorgerm. -*a* entstanden ist, wie
im nom. sg. und nom. ntr. pl."

Im Urgermanischen also bestanden -*ō* und -*ōi* im dativ der
feminina nebeneinander, d. h. die feminina hatten dieselben
endungen wie die masculina u. neutra. Im Gotischen ist der
dativ der beiden stammklassen differenziert. Während masculina
und neutra das *ō* erhielten, das sich den got. auslautsgesetzen
gemäss in *a* wandeln musste, ist bei den feminina das urgerm.
-*ōi* — got. -*ai* beibehalten. Daher z. b. got. *gibai* im nomen,
þizai [1]) beim pronomen.

Die adjectiva teilen im Gotischen (abweichend vom Ahd.)
den nominalen dativ. Während im genitiv *blindaizos* mit *þizos*,
nicht mit *gibos* geht, stimmt im dativ *blindai* zu *gibai*, nicht
zu der s-form *þizai* (aber ahd. dat. *blinteru* wie gen. *blintera*).

---

bleibt dabei aber, dass der dativ des urspr. *ōi*-stammes *sákhāy-* im RV.
sákh-y-e lautet, also auf -*y-ai* als endung weist. Mir ist wahrscheinlich
dass die femin. *ōi*-stämme von den masc. *ōi*-stämmen wie *sákhā* sich in
ihrer flexion ursprünglich nicht unterschieden; jedenfalls scheint mir
Schm. das gegenteil nicht erwiesen zu haben. — Das ostar. -*āy-* (av. -*āy*-
wol nach dem instr.) des dativs wird aus dem locativ stammen, in
welchem es durch die übereinstimmung mit dem Litauischen sich als ursprünglich erweist (vgl. unt. s. 23.).

[1]) Der form *þizai* fehlt das *y* des altind. *tásyāi*. Den grund dafür
hat Möller PB. Beitr. 7, 491 erkannt: „Das *j* des -*ej*- ist in *þizos, þizai*
durch ausgleichung mit dem *s* des gen. plur. verloren gegangen, ebenso
wie aus dem gen. plur. das ursprünglich nur dem gen. plur. masc. zu-
kommende *ai* des gen. sing. fem. *blindaizos* stammt". Nicht anders
übrigens wird der gen. sg. masc. *þis* = altind. *tásya* aufzufassen sein,
in welchem Möller (s. 500 anm.) ein genitivsuffix -*so* sucht. Auf grund
des gen. plur. masc. ist in diesem das *tj* durch *s* ersetzt, bevor das -*ai*-
des gen. pl. masc. sich auf das fem. ausbreitete.

Woher diese auffällige verschiedenheit? Ich glaube, sie erklärt
sich, sobald wir damit die pluralformen zusammenhalten. Im
plural hatte von jeher auch im pronomen nur der genitiv die *s*-form:
got. *blindaizo* aber *blindaim* wie *þizō : þaim*. Die analogie des
plurals der adjectiva war im Gotischen stärker als die des
singulars der pronomina, während im Ahd. im dat. sg die
pronominalform trotz der gegenwirkung des plurals sich hielt [1]).
Wie der dativ der masc. und neutra, so hat sich der dativ
der feminina gefallen lassen müssen, dass man ihn zum locativ,
ablativ und instrumental gemacht hat. Die theorien, welche
sich in dieser richtung bewegen, setzen zum teil für jene casus
grundformen voraus, die sich mit den tatsächlich vorhandenen
formen der arischen sprachen nicht in einklang bringen lassen.

Der locativ hat im Altind. die endung -*āyam* z. b. *grīvāyām*.
In der pronominalen declination steht ihm -*ām* bezw. -*sy-ām*
zur seite, z. b. *tásyām*. Im Altiranischen entspricht *griᵤaᵢa*
(das wäre in indischer lautform *grivdyā*) und *kaṅhę* (wäre
indisch *kásyā*). Der kurze vocal vor dem *y* beschränkt sich
aber auf die sprache des Avesta; das Altpersische hat in *Athu-
rāyā, Arbirāyā* langen vocal, wie das Indische. Ich nehme
mit Osthoff M. U. 2, 85 und J. Schmidt KZ. 27, 385 an,
dass *griᵤaᵢa* aus *griᵤaᵢa* unter einwirkung des -*aᵢ*- der übrigen
singularcasus, speciell des instrumentales auf -*aᵢa* entstanden
ist. Wir gewinnen somit eine iranische grundform *grivāyā,
der als pronominalform iran. *kahyā zur seite steht. Wie
verhalten sie sich zu ind. *grīvāyām* und *kásyām?* Osthoff und
Schmidt machen für den mangel des nasals in *griᵤaᵢa* und
Arbirāyā die postposition *ā* verantwortlich. Schmidt zerlegt
Arbirāy-a geradezu in den locativ *Arbirāi* und angehängtes
ā. Aber ein locativ auf -*āi* ist bei den *ā*-stämmen in den
ostarischen sprachen sonst nicht nachzuweisen. Er hat bei
diesen stämmen auch in der ursprache schwerlich existiert;
lat. *Romae* und asl. *rǫčě*, auf die Schmidt sich stützt, teilen
die endung des dativs und sind nach meiner meinung auch

[1]) Möllers annahme (PB. Beitr. 7, 491), *blindai* sei eine pronominale
locativform, ist schon deshalb unhaltbar, weil auch im urspr. locativ fem.
die pronomina nach ausweis der ostarischen sprachen die *sy*-form hatten.
blindai ist, wie Sievers PB. Beitr. 2, 111 wahrscheinlich gemacht hat,
erst im Gotischen an die stelle eines älteren *blindizai* getreten.

von haus aus dative ¹). Noch weniger passt Schmidts erklärung für die pronomina. Sollen wir in *kahya — av. kaṅhę einen suffixlosen locativ urspr. *kasi mit angehängtom ā sehen? Dazu wird man sich nicht so leicht entschliessen. Wenn aber beim pronomen das -ā nicht postposition sondern alte endung ist, dann werden wir auch beim nomen die iranische form nicht von der indischen trennen dürfen. Osthoff nimmt an, auf grund von locativformen, welche die postposition -a enthalten, sei im loc. sing. fem. urspr. -am im Iranischen zu -ā umgestaltet. Man könnte sich diese erklärung für den loc. sg. gefallen lassen. Aber auch im instr.-dat.-abl. des fem. duals liegen einander ind. -am und iran. -ā gegenüber z. b. ved. bāhū-bhyām und av. bazubįa. Osthoff (a. a. o. 86 f.) denkt hier an eine ziemlich complicierte analogiebildung. Ich halte eine entwickelung, wie er sie fragend annimmt, principiell zwar für möglich ²). Im vorliegenden falle aber müssten wir, wenn er recht hätte, wol erwarten, auslautendes -įa (= -yā) und -įqm (— -yām) in der sprache des Avesta überhaupt (wenigstens überall in der declination) im schwanken oder -įqm überall durch -įa ersetzt zu finden. Es bietet sich ein einfacherer weg, die formen zu vermitteln. Ich habe schon oben (s. 12 anm.) bemerkt, dass die sandhiregel, nach welcher -u hinter ā im auslaute und vor folgendem consonanten verloren geht, bis zu einem gewissen grade für die sonoren überhaupt gilt. Wie av. aṣta zu ved. aṣṭāu verhalten sich av. grįuaįa, kaṅhę, bāzubįa zu ved. grīvāyām, kdsyām, bāhūbhyām. In dem einzigen falle, in welchem das Avesta einen dativ dual. auf bįqm bewahrt hat, nämlich brįaįbįqm Vend. 8, 133 Sp., ist die ursprüngliche sandhiregel noch beobachtet, denn es folgt vocalischer anlaut (aęṣqm). Spuren desselben sandhi finden sich wol auch sonst in doppelformen, die bis auf das ausl. m identisch sind. Der acc. sing. des pers.-pronomens z. b. lautet im Rigveda betont

---

¹) Dasselbe gilt von den formen, welche Mahlow D. lang. voc. s. 51 anführt, um für die europ. sprachen einen fem. locativ auf -ai zu erweisen. Beiläufig: das adv. χαμαί darf nicht auf eine linie mit Romae gestellt werden. χαμαί ist ein erstarrter dativ eines consonant. stammes, vgl. BB. 10, 70. ²) Es würde sich um einen fall handeln, in wolchem ein durch formelle neubildung hervorgerufener scheinbarer lautwandel auf dem wege „rein lautlicher" analogie (vgl. Schuchardt Üb. d. lautgesetze s. 8) sich weiter verbreitet.

mā-m, *tvā-m*, enklitisch *mā*, *tva*. Dazu stimmen den lauten nach av. *mqm*, *þwqm* und *mā*, *þwā* [1]). Es wäre singulär, wenn die enklisis den verlust des *m* herbeigeführt hätte. Vielleicht waren *mām* und *mā* ursprünglich als sandhiformen in betonter wie in enklitischer stellung zulässig und sind nachträglich nach massgabe des accentes differenziert.

Für die ostarischen sprachen ist demnach als endung des loc. sg. fem. beim nomen *-āyā(m)*, beim pronomen *-syā(m)* anzusetzen. Und ganz dieselben endungen werden wir auch der arischen ursprache zuschreiben müssen, denn dem ind. *dçvāyām* entspricht, wie schon Bopp Vgl. gr. 1³ 403 [2]) gesehen hat, der locativ der fem. *ā*-stämme im Litauischen, wo er *áßwoje* lautet [3]). Unter diesen umständen stimme ich der bemerkung J. Schmidt's bei (KZ. 27, 302), dass für den ansatz von urgerm. **þizāja*, **gibāja* (Scherer z. GDS.² 411, Leskien Decl. 43) jede berechtigung fehle. Wäre der locativ der *ā*-stämme im Germ. erhalten, so müsste er urgerm. **þizō*, **gibōjō* lauten. Got. *þizai*, *gibai* lassen sich damit nicht vermitteln.

Nicht besser steht es um die theorie eines germanischen ablativs der urspr. *ā*-stämme (Paul PB. Beitr. 2, 340 f.). Die ursprache kannte, wie Leskien Decl. 35 f. erwiesen hat (derselben ansicht ist Mahlow D. lang. voc. 133 f.), eine besondere

---

[1]) Ich halte es nicht für wahrscheinlich, dass das Avesta im accus. sing. des persönl. pronomens an der indischen regel der enklisis teilnahm Bartholomae nimmt dies zwar in seinem handbuche (§ 266 f.) an. Aber Ar. forsch. 2, 171 bemerkt er selbst zu Y. 44, 10: „*þwā* steht am anfang des versabschnittes, kann also nicht enklitisch (ai. *tvā*) sein". Sodann: der gathadialekt hat im acc. stets *mā*, *þwā* (Bartholomae Handb. a. a. o. gibt daneben *þwqm* an, aber in seiner ausgabe der gathas finde ich für *þwqm* keinen beleg) wie umgekehrt das Altpersische nur *mām*, *þuvām* kennt. In den gathas wenigstens hat also auch die betonte form keinen nasal. ²) Vgl. dazu J. Schmidt KZ. 27, 302. Später (ebd. 384 f.) hat Schm. diese erklärung aufgegeben. Jedoch sind die gründe, welche er gegen sie geltend macht, nicht stichhaltig. Ich brauche auf sie nicht weiter einzugehen, da ich die entscheidenden punkte bereits berührt habe. ³) Neben der endung *-oje* erscheinen in älteren texten *oję* und *oja*, s. Bezzenberger Z. gesch. d. lit. spr. s. 134. Beide gehen zurück auf *-ojq*. Über die zuverlässigkeit der nasalierten formen im Lit. vgl. man ausser Bezzenbergers ausführungen a. a. o. namentlich Bechtels einleitung zu seiner ausgabe von Willents Enchiridion u. s. w. (Gött. 1882) s. LXXIV f.

ablativform nur im singular der masc. und neutr. o-stämme. Im
übrigen (und so bei den a-stämmen) teilte der ablativ im
singular die form des genitivs, im dual und plural die des
dativs [1]). Wo, wie z. b. in den italischen sprachen, ablative
auf -d ausserhalb der o-stämme begegnen, sind sie nach dem
muster der o-stämme neu gebildet. Dies lässt sich deutlich
verfolgen im Iranischen, wo der gathadialekt noch auf der
stufe des Altindischen steht, während das jüngere Avesta das
gebiet der ablativform in ähnlicher weise wie die italischen
sprachen ausgedehnt hat. Demnach darf nicht mit Paul a. a. o.
zu dem genitiv *tasyās* ein ablativ *tasyād* reconstruiert werden,
sondern die grundform des genitivs ist in diesem falle zugleich
die des ablativs. Die fortsetzung des urspr. ablativs ist also,
wenn im Germanischen überhaupt von einer fortsetzung desselben die rede sein kann, bei den feminina im genitiv got.
þizos und *gibos* enthalten.

Endlich bleibt zu untersuchen, ob sich etwa der urspr.
instrumental zur erklärung des dativs der german. ō-stämme
verwerten lässt. Der instrumental ist bei den entsprechenden
stämmen im Ostarischen und im Slavolettischen erhalten. Im
Altindischen hat er bei den nomina wie bei den pronomina die
endung -ayā, z. b. sénayā, táyā. Daneben kommen im RV.
häufig, insbesondere von stämmen auf -tā und -yā, formen auf
einfaches -ā vor, z. b. jihvá, vacasyá (Lanman Noun-inflection
357 f.). Doch begegnet diese endung bei den pronomina nur
selten. Im Avesta ist die übliche endung bei den nomina -aja
(— altind. -ayā) z. b. daęnaja; daneben kommt selten -a
(— altind. ā) vor, z. b. daęna. Die pronomina haben im Avesta
teils -aja (aętaja), teils -ā (yā). Scherer hat ansprechend
vermutet, dass ayā ursprünglich nur der ā-instrumental des
pronominalstammes ai (nom. ved. ay-ám, av. aęm) war, der von
hier aus auf die übrigen pronomina und dann auch auf die

---

[1]) Paul PB. Beitr 4, 449 scheint mir nicht im rechte zu sein, wenn
er annimmt, dass überall, wo in den einzelsprachen der ablativ vom
genitiv oder dativ seiner form nach verschieden ist, eine aus der ursprache
ererbte scheidung vorliege. Wenn, wie P. meint „gen. u. abl. von hause
aus im sprachbewusstsein als zwei besondere casus existiert haben", so
konnten doch demungeachtet wol auch schon in der ursprache die beiden
casus — wie es ja tatsächlich im Altindischen der fall ist — teilweise
hrer form nach zusammenfallen.

nomina übertragen wurde (z. GDS.¹ 355, vgl. J. Schmidt KZ. 27, 386). Die übertragung auf die übrigen pronomina oder mindestens einen teil derselben muss aber schon in der ursprache stattgefunden haben, da das -ay- bei dem pronominalst. tā- im Slavischen und Litauischen wiederkehrt. Auch der avest. instr. yā des relativpronomens beruht möglicherweise erst wieder auf einer secundären entwickelung gegenüber dem ved. ydyā. — Die verteilung: -ā im nomen, -ayā im pronomen der ursprache setzen auch das Slavische und Litauische voraus. Übrigens weisen diese beiden sprachen nicht auf -ā und -ayā sondern auf -ām und -ayām. Im Altslovenischen stehen beim nomen rǫkǫ und rǫkojǫ ebenso neben einander wie im Altindischen jihvā und jihváyā. Man wird mit Miklosich (Üb. d. ursprung einiger casus der pronominalen declination, Sitzungsber. d. wien. ak. 1874, s. 148 f.) die erstere form für die ältere, die letztere für eine neubildung nach dem -ojǫ der pronomina (z. b. tojǫ, kojǫ) ansehen müssen. Diese annahme macht es auch möglich, die litauischen formen mit den slavischen zu vermitteln. Dem asl. rǫkǫ entspricht genau lit. rankà, dessen ausl. a aus ǫ entstanden ist (Mikl. a. a. o., Geitler Lit. stud. 56, Bezzenberger z. GLS. 126, Mahlow 71, Bechtel Willent Einl. LXV f.). Die pronomina haben im Litauischen die nominale form angenommen (z. b. tà, kà); diese übertragung kann im Litauischen um so weniger befremden, als dort die pronominalen ā-stämme im singular und plural überhaupt die besonderheiten der urspr. pronominalflexion aufgegeben haben ¹). — Als ur-

¹) Einen rest der alten pronominalflexion sieht J. Schmidt KZ. 27, 387 in drei bei Bezzenberger z. GLS. 171 belegten formen aus älteren texten und in den heutigen dialektformen tai, szitai, jei bei Leskien-Brugmann Lit. volkslieder u. märchen 304. 305. Die letzteren leitet Schm. aus taja (= asl. tojǫ), jeje her. Aber liegt es nicht näher, in ihnen eine übertragung der dativform auf den instrum. zu sehen? Was die alten formen anlangt, so sind sie nicht als taja-g, kuriąja, szeje wie Schm. angibt, sondern als tąiag', kuriąja, jchęis überliefert. Es ist sohwerlich gleichgültig, dass die silbe vor dem ja (bezw. je) in allen drei fällen übereinstimmend auf nasalvocal endigt und dass wir bei ablösung des iag', ja, je die nasalierten formen erhalten, welche wir als nächste vorstufen der heutigen formen erwarten. Es wäre doch sehr merkwürdig, wenn die pronominalen instrumentale zufällig überall an demselben druckfehler litten. Bezzenberger's annahme zusammengesetzter declination wird der überlieferung gerecht; was Schmidt gegen sie einwendet, scheint mir nicht ausschlaggebend.

sprachliche endung des instrumentals ist also entweder auf
grund des Ostarischen -ā und beim pronomen -ayā oder dem
Slavolettischen entsprechend -ām und beim pronomen -ayām
anzusetzen [1]). Eine sichere entscheidung lässt sich kaum treffen;
aber ich halte die letztere annahme für die wahrscheinlichere.
Man sieht nicht, woher im Slavolettischen der ausl. nasal sollte
genommen sein. Eher erklärt sich der mangel des nasals im
Ostarischen, wenn man von -ām und -ayām ausgeht. An einfachen schwund desselben freilich ist nicht zu denken. Die
lösung liegt meiner ansicht nach wieder in der annahme einer
sandhiform auf -ā(m). Bei den nomina fiel die m-form mit
dem accusativ zusammen (wie im Asl. rǫkǫ als acc. mit rǫkǫ
als instr. sich deckt). Man differenzierte die beiden casusformen
in der weise, dass man im instr. (zunächst im nomen, dann
auch im pronomen) nur die nasallose form anwandte. Und
zwar wäre dieser vorgang schon in die ostarische urzeit zu
setzen, wie ja die volleren sandhiformen im nom. sg. der n-
und r-stämme ebenfalls schon in der gemeinsam ostarischen
epoche aufgegeben sind (z. b. ved. dǫmā = av. asma : ἄκμω-ν,
ved. pitā = av. ptā und pita : πατή-ρ).

Man hat auf den urspr. instr. fem. die ahd. dative gebu,
deru bezogen. Für die pronominalform muss diese erklärung
zunächst mit bestimmtheit abgelehnt werden. Denn ahd. deru
setzt eine pronominale sy-form voraus; der instrumental fem.
des pronomens aber hat die sy-form, das können wir mit sicherheit sagen, nicht gekannt. Die anknüpfung der nominalform
gebu an den urspr. instrumental ist, soweit die lautlehre dabei
in betracht kommt, möglich. Die frage scheint also zunächst
ebenso zu liegen, wie beim instrumental der masculina (vgl. ob.
s. 18). Aber hier besteht doch der wichtige unterschied, dass
bei den masculina ein selbständiger instrumental im Germanischen
noch vorliegt, während die feminina ihn nicht mehr kennen.
Wir werden also sicherer gehen, wenn wir auch die nominalform ausschliesslich an denjenigen casus anknüpfen, auf welchen

---

[1]) Mahlow s. 70 setzt urspr. -ān und beim pronomen -ayān an.
Lautlich ist das eben so zulässig wie die obige annahme. Bei der voraussetzung eines ausl. m aber, glaube ich, erklären sich die nasallosen formen
leichter. Wäre der auslaut -n gewesen, so fiel die endung nicht mit
anderen endungen zusammen und es hätte kein anlass vorgelegen, die
nasalierte form aufzugeben.

die pronominalform zurückgeführt werden muss, nämlich an
den urspr. dativ.

Ehe wir das ausl. *ai* des gotischen verlassen ist noch die
endung des dativs der femininen *i*-stämme z. b. got. *anstai* in
betracht zu ziehen. Über ihre herkunft lässt sich eine sichere
entscheidung nicht abgeben. Mir ist am wahrscheinlichsten,
dass *anstai* auf urgerm. *anstöi* und *anstais* auf urgerm. *anstöis*
zurückgeht. Zu der annahme eines got. -*ai* aus -*ēi*, der man
neuerdings zuneigt, kann ich mich auch hier nicht verstehen.
Gegen dieselbe scheint mir namentlich der parallelismus von
sunau — urgerm. *sunöu* und *sunaus* = urgerm. *sunöus* zu
sprechen, wo man *au* folgerecht aus *ēu* herleiten müsste.
Übrigens bleibt daneben die früher übliche herleitung aus
anstaji auch jetzt noch zulässig; nur muss man dann in ahd.
ensti — *anstiji* keine im Germanischen entstandene spaltungs-
form sehen, sondern den -*aj*- wie den -*ej*-stamm an das urspr.
paradigma anknüpfen. Näher auf das problem des dativs der
german. *i*- und *u*- declination einzugehen scheint mir für den
zweck meiner untersuchung nicht erforderlich. Ich verweise
statt dessen auf die folgende literatur: Scherer z. GDS². 567ff.;
Leskien Decl. 44; Paul PB. Beitr. 2, 343 ff. u. 4, 433 ff.;
Sievers ebd. 8, 331 f.; J. Schmidt KZ. 27, 302 ff.; Bremer
PB. Beitr. 11, 37. 50.

II. Ursprünglich auslautendes ai im Althochdeutschen.

Im anschlusse an die obige darstellung des gotischen auslautes können wir die regel über die vertretung des urspr.
ausl. *ai* und *öi* für das Althochdeutsche folgendermassen for-
mulieren: wo die urgermanischen diphthonge -*ai* und
-*öi* im Gotischen als -*ai* erscheinen, entspricht ihnen
im Althochdeutschen -*e* (und zwar langes *e* in einsilbigen,
kurzes *e* in mehrsilbigen wörtern) [1]; wo dagegen -*ai* im
Gotischen zu -*a* geworden ist, wird es auch im Althochdeutschen durch -*a* vertreten.

---

[1] Man pflegte dem Ahd. früher in bestimmten fällen ein langes *e*
im auslaute mehrsilbiger wörter zuzuschreiben. Aber seit den untersuchungen Braune's (PB. Beitr. 2, 153) ist allgemein anerkannt, dass
das ahd. *e* im mehrsilbigen auslaute überall die geltung eines kurzen
vocales hat.

1) Got. -*ai* in einsilbigen wörtern — ahd. *ê*.

got. *þai* (nom. pl. masc.) — ahd. *thê*, *dê*, woraus später *dea*, *dia*, *die*. In den ältesten ahd. quellen z. b. dem keronischen glossar (Kögel D. keron. glossar s. 18 [1])) herscht noch die form mit ungebrochenem vocal. Daneben tritt frühzeitig *dea* auf, das dann in *dia* übergeht und schliesslich unter der einwirkung der form *sie* zu *die* umgestaltet wird (vgl. Sievers PB. Beitr. 2, 116 ff.; Braune Ahd. gramm. § 287 A. 1 f.). Es ist, wie bereits Sievers (a. a. o. 117) bemerkt hat, sehr auffällig, dass das *é* im nom. plur. des demonstrativpronomens die diphthongierung mitmacht, da in den übrigen gleich zu erwähnenden beispielen für ahd. *ê* — got. *ai* das *é* unverändert bleibt. Vielleicht handelt es sich hier nicht um einen lautlichen, sondern um einen formellen unterschied (vgl. Scherer z. GDS.[2] 609). Dann hätte man den hergang so aufzufassen, dass auf dem wege formeller neubildung (etwa in anlehnung an den nom.-acc. pl. der masc. *a*-stämme) neben *dê* die form *dea* trat, deren diphthong dann weiterhin ebenso behandelt wurde, wie die auf rein lautlichem wege durch sog. brechung entstandenen *ea*. Die mischung lautlicher und formeller weiterentwickelung, welche dabei anzunehmen wäre, hat eine parallele in dem verhältnisse der formen *dia, sia* (acc. sg. fem.) zu *dia, sia* (nom. pl. m.) bei Notker. Dass der diphthong *ia* im acc. sg. f. sich hält, im nom. pl. m. zu *ie* wird, beruht wie man weiss (vgl. Braune Ahd. gr. § 287 A. 1 f.) auf dem einflusse der starken adjectivflexion. Für diese auffassung des diphthongs in *dea* scheint mir namentlich auch der mit ahd. *dea* lautlich identische as. nom. *thea* zu sprechen, der wie wir unten (s. 40) sehen werden, sich nur als formelle — nicht als lautliche — weiterbildung fassen lässt.

Bei der beurteilung des nominativs *thé*, *dé* und seiner diphthongischen sprossformen muss der dat. pl. *thêm, dêm, dên* berücksichtigt werden. Ob wir ihn als directe lautliche entwickelung aus urgerm. **þaim(i)* = got. *þaim* (vgl. üb. ahd. *é* aus *ai* in einsilbigen wörtern Bremer PB. 11, 45 anm.) oder als umgestaltung eines aus jenem *þaim(i)* entstandenen **theim*

---

[1]) Bei Kögel s. 18 z. 7 ist „n. pl. m." zu verbessern in „n. sg. m." K. selbst fasst s. 172 die formen *de* (Ps.), *the* (K.), *des* (R.) Steinm.-Siev. 1, 86, 84 richtig als nom. sg.

(auf grund des nominativs *thê*) anzusehen haben, ist leider
nicht klar ¹). Mag das *ê* auf die eine oder die andere
weise entstanden sein: wir sollten erwarten, dass es im laufe
der ahd. sprachentwickelung ebenso behandelt wird, wie das *ê*
des nominativs. Tatsächlich aber geht das *ê* des dativs seinen
eigenen weg. Es unterliegt nur ausnahmsweise der diphthongierung, namentlich in alemannischen denkmälern (aber nicht
in den keron. glossen, wo noch die „ungebrochene" form herrscht,
s. die belege bei Kögel s. 172) vgl. Braune Ahd. gr. § 287
A. 1i. Daher z. b. bei Isidor n. pl. *dhea* aber dat. *dhêm*,
bei Otfried und Tatian n. pl. *thie* aber dat. *thên* u. s. w.
Ich muss gestehen, dass mir bei diesen alemannischen diph-
thongen noch weniger, als bei den diphthongischen formen des
nominativs die annahme einer regelrechten lautlichen weiterentwickelung einleuchten will. Denn einerseits ist, so viel ich
weiss, ein derartiger gegensatz zwischen dem Alemannischen
und den übrigen dialekten in der diphthongierung des *ê* sonst
nicht nachzuweisen. Andrerseits liegen im Alemannischen selbst
noch anzeichen dafür vor, dass auch hier zunächst — wie in
den übrigen dialekten — das *ê* im dativ sich länger hielt, als
im nominativ. In den Murbacher hymnen zwar stimmt der n.
dea zum d. *deam* und später bei Notker der n. *die* zum d.
dien. Aber in der Benedictinerregel finden wir im dat. *dêm*
(an 17 stellen) und *diem* (an 14 stellen), im nom. *dea* (an 22
stellen), *die* (an 11 stellen) und vereinzelt *dia* und *dio* (an je
1 stelle), s. Seiler PB. beitr. 1, 446 f. Also im nominativ
überhaupt kein *dê* mehr, im dativ noch überwiegend *dêm:* ein
gegensatz, der durch die tatsache, dass verschiedene hände an
der herstellung unsrer handschrift der Benedictinerregel und
ihrer vorlage beteiligt waren (s. Seiler a. a. o. 474 ff. und
2, 169 f.; Steinmeyer Z. f. d. a. 17, 432 ff.) schwerlich ge-
nügend aufgeklärt wird. Der unterschied der nominativ- und
dativformen in der Benedictinerregel wird verständlich, wenn
man mit Scherer z. GDS.² 609 annimmt, dass der diphthong
des dativs nicht auf einer speciell alemanischen lautregel beruht,
sondern erst nachträglich aus dem nominativ auf den dativ
übergegangen ist. Für den dativ *diem* der Benedictinerregel

---

¹) Die parallelform ahd. *zueim* = got. *tvaim* vermag bei der wahl
zwischen dieser alternative nicht den ausschlag zu geben, vgl. unt. s. 80.

braucht man in diesem falle nicht einmal eine ältere vorstufe *deam* (obwohl letztere form in den hymnen vorliegt) vorauszusetzen; *diem* kann direct aus *dem* unter einwirkung der nominativform *die* umgebildet sein. So würde sich erklären, dass im nom. *dea* und *die* vorkommen, im dat. aber kein *deam*, sondern *diem* unmittelbar neben altem *dêm*.

got. *twai* (nom. masc.) — ahd. *zwê* in *zwêne*, s. Meringer KZ. 28, 235. — Die neutralform ahd. *zwei* — as. *twê* lässt sich schwerlich auf urgerm. *twai* zurückzuführen, da für letzteres ahd. *zwê* zu erwarten wäre. Der auslaut des nom. ntr. ist vielmehr, wie Meringer richtig erklärt, aus den obliquen casus entnommen. — Im dativ sollten wir für got. *twaim*, wenn diese form wie ahd. *dhêm, dêm* = got. *þaim* behandelt wäre, ahd. *zwêm* finden. Aber letzteres begegnet nur vereinzelt, z. b. bei Isidor; gewöhnlich lautet der dativ *zweim, zwein* (Braune § 270 A. 2). An der verschiedenen behandlung ist offenbar der genitiv ahd. *zweijo* (Isid. Va, 15), *zweio* — got. *twaddjê*, an. *tveggja*, ags. *twêg(e)a*, as. *tweio* schuld. Jedoch bleibt zweifelhaft, ob der diphthong des genitivs auf den vocal des dativs erhaltend oder neuernd eingewirkt hat: mit anderen worten, ob aus dem monophthongischen *dêm* und Isidors *zwêm* oder aus dem diphthongischen *zweim* die lautgesetzliche behandlung des ausgangs *-aim* zu entnehmen ist. Vgl. ob. s. 28 f.

got. *bai* (nom. masc.) — ahd. *bê* in *bêde*. Man pflegte früher *bêde* dem got. *bajôþ-s* gleichzusetzen und in dem ahd. *-ê-* einen aus *ei + ô* contrahierten vocal zu sehen. So erklärt Grimm Gr. 1³, 92 ahd. *pêde* für zusammengezogen aus *peiode, pegôde;* ähnlich Gr. 1³, 93: „*pêde* ambo für *pêodê?* got. *bajôþs.*" In einklang damit behauptet J. Schmidt Voc. 2, 406 anm. (vgl. ebd. s. 448) „ein zweifelloses beispiel des überganges von *eio* iu *ê* ist das dem an. *bâdir*, got. *bajôþs* entsprechende *pêdê.*" Noch KZ. 26, 384 hält Schmidt die herleitung des ahd. *bêde* aus einer dem got. *bajôþs* entsprechenden form *bêode* aufrecht, fügt aber hinzu: „Dagegen ahd. *beide* enthält einen reducierten stamm, welcher eine ursprünglich ablautende declination erweist, *bajôþ-: baiþ-* — *fidvôr: fidur-* = *veitvôd-: bêr-us-jôs* = αὖως, ἐωϑ-ινός: aust-.*" — Ich für mein teil ziehe die auffassung vor, welche Sievers PB. Beitr. 10, 495 f. anm. und Meringer KZ. 28, 236 f. vorgetragen haben. Beide stimmen darin überein, das ahd. wort mit got. *bai*, statt mit *bajôþs* zu verbinden, und das -*de* des ahd. wortes als den an *bê-* — got. *bai* angefügten artikel zu fassen. Ahd. *béde* wäre demnach eine composition, oder vielmehr eine zusammenrückung aus zwei flectierten formen, deren erstere in der nominativform erstarrte und demgemäss in dieser form auch in den übrigen casus beibehalten wurde. Statt *béde* findet sich in manchen ahd. Denkmälern *beide* (Graff 3, 83; Braune § 270 A. 3). Zur erklärung des diphthongs der letzteren form bieten sich zwei wege. Man kann mit Sievers annehmen, neben dem masc. **bê* habe ein neutrum **bei* (entsprechend dem neben ahd. *zwêne* liegenden ntr. *zwei*) [1]) und dem entsprechend neben dem masc. *béde* ein ntr. *beidiu* bestanden. Diese beiden formen wären teils zu *béde*, *bêdiu*, teils zu *beide*, *beidiu* ausgeglichen. Man kann sich andererseits mit Meringer die sache so denken, dass die zusammenrückung **bai-þai* in eine zeit fällt, wo auslautendes *ai* noch erhalten war, dass aber neben der verschmolzenen form auch noch das einfache *bai* weiter existierte bis in die epoche hinein, in welcher das ausl. *ai* sich in *ê* wandelte. Wir würden somit *beide* und **bê* als regelrechte ahd. formen erhalten. Ahd. *béde* wäre aus **bê* und *beide* contaminiert.

got. *wai* (interj.) = ahd. *wê*. Nach diesem *wê* haben die zugehörigen composita *wênag* (— got. *wainags*) „infelix, miser'' und *wêlich* „miser, dirus'' den urspr. diphthong ihrer ersten silbe umgestaltet.

got. *sai* „ecce'' — ahd. *sê*. Das *ê* wird beibehalten in den zusammenrückungen *sénu*, *séno*, *ségi* [2]) (Isid. IX a 13. 14).

---

[1]) Dieses **bei* freilich kann schwerlich, wie S. anzunehmen scheint, dem got. *ba* lautlich gleichgesetzt werden, sondern wäre aus dem gen. **beijo* entnommen, wie *zwei* aus *zweijo* (vgl. ob. s. 30). [2]) Über das -*gi* bemerkt Grimm Gr. 3, 247, es scheine ein dem *ce* in *ecce*, *hiece*, *huncce* und dem franz. *ci* in *ici*, *votci* ähnliches suffix; auch an abd. *cha* und griech. *γε* könne erinnert werden. In der späteren ausgabe seiner grammatik (1² 97) ersetzt er diese vermutung durch die folgende: „das unerklärte *sd gi* Is. 43, 13. 14 mag aus einem suffix -*gi*, ähnlich dem goth. -*hun*, ahd. -*gin* (in *hu#rgin*) zu deuten sein''. Vielleicht aber darf man an eine ganz andere erklärung denken. Der dialekt des Isidor zeigt gelegentlich anklänge an das Niederdeutsche, z. b. in dem ausl. -*e* statt -*a* in formen wie *sine* (acc. sg. st. fem.), *geistliihhe* (acc. sg. schw. ntr.), *fone* (vgl. Paul PB. Beitr. 4, 344). Lassen wir eine berührung mit dem Niederdeutschen auch in dem vorliegenden falle zu, so erklärt sich

Durch einfluss des imperativs *sih* wird *sênu*, *sêno* später vielfach, namentlich bei Notker und Williram (vgl. d. belege bei Graff 6, 115) zu *sinu*, *sino*, *sihno* umgestaltet, s. Osthoff PB. Beitr. 8, 311. Doch bleibt *sê* daneben bis in die mhd. zeit hinein bestehen. Vgl. Grimm Gr. 3, 247.

Wir haben somit alle oben s. 3 f. aus dem Gotischen angeführten einsilbigen worte mit ausl. *-ai* im Ahd. mit ausl. *-ê* wiedergefunden, (wenn auch teilweise nur noch in zusammenrückungen erbalten), ausgenommen das zuletzt angeführte got. *jai*, dem ahd. *jā* = as. *jā* (Hel. 1522) zur seite steht. Offenbar aber handelt es sich hier nicht um eine wirkliche ausnahme, sondern *jā* ist dem got. *ja* — nicht dem got. *jai* — gleichzusetzen.

2) Secundäres got. *-ai* = ahd. *-e*.

In allen fällen, wo *-ai* im Gotischen durch übertragung von einsilbigen formen oder vom inlaute aus in den auslaut mehrsilbiger formen gelangt ist, stimmt das Abd. zum Gotischen. Das ahd. *-e*, welches wir in diesen fällen finden, ist zunächst aus dem bei einsilbigen wörtern erhaltenen langen vocal entstanden und setzt weiterhin, wie dieser, den im Gotischen vorliegenden diphthong voraus.

Nom. plur. masc. der starken adjectiva, z. b. got. *blindai* — ahd. *blinte* [1]).

3. sing. opt. praes., z. b. got. *nimai* = ahd. *neme* [1]). Die übertragung geht beim optativ im Abd. noch weiter als im Gotischen, insofern auch — wie allgemein zugestanden wird — die 1. sing. die endung der 3. sing. angenommen hat.

2. sing. imper. der *ai*-conjugation: got. *habai* — ahd. *habe*. Wenn statt eines solchen ausl. *e* vereinzelt ein *a* auftritt

---

das *gi* (d. i. „*ji*") einfach als der dem altsächs. *gi* entsprechende nom. pl. des pronomens der 2. person. Dann stände *sêgi* auf einer linie mit den von Grimm (Gr. 8, 247 anm.) angeführten provenzal. *veti*, *vecvoi* = *voi toi*, *voyez vous*, mit denen es sich in der bedeutung „*ecce*" deckt. Dass daneben bei Isidor (VIa 13) der den übrigen abd. dialekten conforme nom. *er* im pron. der 2. person begegnet, steht dieser erklärung so wenig entgegen, wie durch den acc. sg. fem. *mina* das vorhin erwähnte *sine* beseitigt wird.

[1]) In der beurteilung der schreibungen *andree* (nom. plur.) und *trahtohee* (3. sing. opt.) der Benedictinerregel schliesse ich mich durchaus den ausführungen Braune's PB. Beitr. 2, 189 f. an.

(vgl. **Braune** PB. Beitr. 2, 154, Ahd. gr. § 58 A. 3), so darf dasselbe nicht auf eine stufe mit dem auslaute des präteritums gestellt und etwa als rest von formen betrachtet werden, die von der übertragung verschont blieben. Vielmehr wird man darin (mit **Braune** a. a. o.) den ausdruck einer lautneigung zu sehen haben, ausl. *e* in *a* umzuwandeln, die im Ahd. hie und da, wenn auch nur sporadisch (als lautgesetz erst im späteren Bairisch) sich geltend macht.

3) Got. -*a* (= urspr. -*ai*) = ahd. -*a*.

1. und 3. sing. des schwachen präteritums: got. *wissa*, *wilda* u. s. w. = ahd. *wissa (wessa), wolta* u. s. w.

Passivformen sind im Ahd. nicht erhalten. Auch das urspr. mediale präteritum der wz. *ei* „gehen" (got. *iddja*) ist verloren. Dagegen hat das Ahd. mit den übrigen westgerman. sprachen das urspr. mediale präteritum der Wz. *dhê* „setzen, tun" bewahrt. Denn ahd. *teta*, as. *deda, dede*, afr. *dede*, ags. *dyde* gehen auf urgerm. *dedai* (1. u. 3. sing.) = urspr. *dhedhaí* zurück und sind identisch mit der 1. u. 3. sing. perf. me. altind. *dadhé* (s. Amer. Journ. of Philol. 9, 42).

Ausserdem gehört hierher ahd. *fora* (**Graff** 3, 612 f.), falls ich es oben (s. 17) mit recht auf urgerm. *furai* = gr. παραι-, lat. *prae* u. s. w. zurückgeführt habe.

4) Got. -*ai* (= urgerm. -*ōi*) = ahd. -*e*.

Während im Gotischen der ausl. vocal des nominalen dativs *daga* zu dem des pronominalen *hvamma, blindamma* stimmt, hat im Ahd. *tage* eine von *hwemu blintemu* abweichende endung. Dagegen teilt im Ahd. der instrumental *tagu* das ausl. -*u* des pronominalen dativs. Schon daraus geht hervor, dass die ahd. dativformen sich mit den gotischen nicht vollkommen decken. Die ahd. *e*-formen sind, im vergleiche mit den gotischen dativen, überzählig. Insoweit hat **Braune** PB. Beitr. 2, 161 ff. (vgl. auch **Paul** ebd. 339 ff.) die sachlage bereits vollkommen richtig beurteilt. Auch **Braune**'s folgerung, dass der got. dat. *daga* lautlich dem ahd. instrumental *tagu* gleichstehe, während der ahd. dativ *tage* got. *dagai* lauten würde, lässt sich noch heute aufrecht erhalten. Aber *tage* = got. *dagai* kann nicht auf einen locativ auf urgerm. -*ai* zurückgehen, denn dieser würde im Ahd. wie im Got. ausl. -*u* haben; es bleibt für *tage* = got. *dagai* nichts übrig. als ein dativ auf urgerm. -*ōi*. Ferner reicht zur erklärung der ahd. *u*-formen der instrumental zwar beim nomen, nicht aber beim pronomen aus. Denn die dative *hwemu, blintemu* können nicht urspr. instrumentale sein, da neben ihnen der wirkliche instrumental als *hwiu* (adv.), *blintu* besteht; *hwemu* und *blintemu* müssen also dative auf urgerm. *-ō* sein. Die ahd. dative also bestätigen, dass der urgermanische dativ zwei formen kannte, von denen die eine auf *-ōi*, die andre auf *-ō* ausging. Die beiden formen aber sind im Ahd. anders verteilt, als im Gotischen. Im Gotischen ist überall die form auf urspr. *-ō* durchgeführt, welche beim nomen mit dem urspr. instrumental zusammenfiel. Im Ahd. dagegen sind beide formen in der weise differenziert, dass der nominale dativ nur die *ōi*-form (= ahd. *-e*), der pronominale nur die *ō*-form (= ahd. *-u*) beibehielt.

Weshalb wurden im Ahd. die pronominalen dative der *a*-stämme anders behandelt als die nominalen? Es erklärt sich das, denke ich, wenn man folgende tatsache erwägt. Beim pronomen waren dativ und instrumental von alters her nicht nur in der endung sondern auch im stamme verschieden: ahd. *blintemu, hwemu* aber *blintu, hwiu*, got. *hvammē-h* aber *hvē*, wie altind. *kasmā(i)* aber *kena*, av. *kahmāi* aber *kā*. Der pronominale dativ wurde eben, wie ich schon oben (s. 19) hervorgehoben habe, ursprünglich mit eingefügtem *-smo-*, der instrumental ohne diese stammeserweiterung gebildet. Daher konnte beim pronominalen dativ, ohne den unterschied zwischen ihm und dem instrumental zu beeinträchtigen, von den beiden dativformen diejenige gewählt werden, welche das Ahd. im allgemeinen bevorzugt, d. h. die *ō*-form. Beim nomen aber bestand zwischen dativ und instrumental kein derartiger unterschied in der stammbildung. Hier konnte eine äussere verschiedenheit der beiden casus nur dadurch aufrecht erhalten werden, dass man im dativ die *ōi*-form beibehielt.

So wenig wie beim masculinum decken sich beim femininum die ahd. dativformen mit den gotischen. Auch dies weiss man längst, und zwar ist es, soviel ich weiss, zuerst von Paul erkannt, der PB. Beitr. 2, 340 bemerkt: „... Folglich sind got. *gibai* und ahd. *gebu*, altn. *giöf(u)* ebenso wenig lautlich zu vereinbaren wie got. *daga* und ahd. *dage*. Vielmehr ist *gibai* dat.-loc., *gebu*, dem got. *giba* entsprechen würde, abl.-instr. Die formen sind die nämlichen wie beim masc., da schon die indog. grundformen sich nicht unterscheiden konnten". Ich stehe zu

Pauls auffassung der feminina ähnlich, wie zu Braunes vorhin erwähnter ansicht über die masculina. Das lautliche verhältniss der ahd. formen zu den gotischen scheint mir in beiden beiden fällen richtig beurteilt zu sein, aber über die herkunft der germanischen formen denke ich anders. Was diese betrifft, so habe ich mich schon oben (s. 20) mit der ansicht Schmidts einverstanden erklärt, nach welcher ahd. *gebu* den altlat. dativen auf -ā gleichzusetzen ist. Zu *gebu* stimmt im Ahd. die pronominale form des fem. dative, *deru* und *blinteru*. Im unterschiede vom Gotischen also herscht im fem. dativ des Ahd. durchaus die ō-form, während das Gotische gerade beim femininum die ōi-form aufweist. Man muss dabei im auge behalten, dass im Urgermanischen sowol die a-stämme wie die ō-stämme im dativ die beiden endungen ō und ōi hatten, und dass die endung ō auch im instrumental der a-stämme vorlag. Im Gotischen ist dann die ōi-form (die offenbar schon im Urgermanischen nicht mehr der alten sandhiregel gemäss, sondern gleichwertig mit der ō-form gebraucht wurde) dazu benutzt, um den dativ der masculina von dem der feminina zu differenzieren. Im Althochdeutschen dagegen hat die ōi-form nur dazu gedient, beim masculinum den nominalen dativ vom instrumental zu scheiden, so dass im Ahd. der nominale instrumental und der pronominale dativ der masculina dasselbe -u = urgerm. -ō im auslaute aufweisen, wie der nominale und der pronominale dativ der feminina. Von diesem gesichtspunkte aus erscheint, denke ich, das verhältnis der nomina zu den adjectiva und pronomina im Ahd. weniger problematisch, als wenn man mit Paul (a. a. o. 341) sich die sache folgendermassen zurechtlegt: „Beim subst. masc. und neutr. bleibt der dat., beim adj. masc. und neutr. der abl.; beim subst. fem. bleibt der abl., beim adj. fem. der dat."

III. Ursprünglich auslautendes ai im Altsächsischen.

In den grammatischen darstellungen des Altsächsischen findet man beim dat. sg. der a-stämme, beim nom. pl. der adjectiva und bei der 1. 3. sg. des schw. präteritums dieselbe endung angegeben, nämlich ein mit *e* wechselndes *a*. Geht man aber in den beiden handschriften des Heliand dem

3*

schwanken zwischen -a und -e etwas genauer nach, so erkennt
man leicht, dass Cottonianus und Monacensis beträchtlich von
einander abweichen und dass die endungen der erwähnten
formen nicht auf einer linie stehen. Teilweise hat schon Paul
PB. Beitr. 4, 343 f. das richtige gesehen. Da aber Paul dort
an die frage von anderen gesichtspunkten aus herantritt und
nur diejenigen -a und -e in betracht zieht, welche er zu den
reflexen des urgermanischen ō rechnet [1]), so wird es nicht
überflüssig sein, hier noch einmal das verhältnis des -a und
des -e ins auge zu fassen. Ich greife zu diesem zwecke einen
abschnitt (v. 4810—4924) aus dem Heliand heraus und stelle
sämmtliche fälle des ausl. -a und -e, die in demselben begegnen,
nach grammatischen kategorien geordnet einander gegenüber.

Cottonianus:	Monacensis:
1. u. 3. sing. d. schw. prät.	

deda 4920; *fragoda* 4835;	*deda* 4920; *fragode* 4835;
custa 4831; *ledda* 4813. 4901;	*custe* 4831; *ledde* 4813; *legde*
lesta 4831; *mohta* 4867; *quedda*	4901; *leste* 4831; *mahte* 4853.
4830; *sagda* 4817. 4849. 4908;	4867; *quedde* 4830; *sagde* 4817.
sithoda 4824; *scolda* 4816. 4869;	4849. 4908; *sithode* 4824; *scolde*
tholoda 4833; *uuisda* 4811.	4816; *tholode* 4833; *uuisde* 4811.
4832; *uuissa* 4815; *uuolda*	4832; *uuisse* 4815; *uueldu*
4921. (Summa 19 *a*)	4921; *uuelde* 4869. (Summa
	2 *a*. 18 *e*)

Acc. sing. m. d. pron. u. adj.

helagna 4887; *huena* 4840;	*helagne* 4887; *huene* 4840;
ina 4820. 4831. 4832. 4835.	*ina* 4822. 4822. 4831. 4832.

---

[1]) Über das schwanken des *a* und *e* im Heliand an stelle eines urspr.
-*ai* bemerkt Paul (a. a. o. 392) nur, es überwiege das *a* über das *e*.
Und zwar gilt dies nach seiner meinung für folgende vier fälle 1) nom.
(acc.) pl. masc. der st. adjectiva 2) 3. sing. opt. praes 3) imper. d. 3.
schw. conjug. 4) dat. sg. d. masc. u. ntr. *a*-stämme. Diese formen werden
weiter unten näher zu untersuchen sein. Mein resultat ist freilich von
demjenigen Pauls sehr verschieden. Pauls ansicht ist richtig für einen
fall (den nom. acc. pl. d. st. adj.), halb richtig für einen zweiten (den
imper. d. 3. schw. conjug.) und unrichtig für die beiden übrigen. Auch
der einzige fall aber, in welchem Pauls angabe, im Heliand überwiege
das *a*, tatsächlich zutrifft, spricht nicht für die von P. geäusserte ansicht;
denn das as. -*a* des nom. acc. pl. der st. adj. muss bei der frage nach
der vertretung des -*ai* im As. bei seite bleiben, da es wahrscheinlich der
endung -*ans* des got. accusative entspricht.

Cottonianus:	Monacensis:

4846. 4847. 4915; *craftigna* 4831; *mahtigna* 4886; *thena* 4814. 4821. 4857. 4874. 4886. 4912. 4914. 4923. (Summa 19 *a*)

4846. 4847. 4915; *ine* 4820. 4835; *craftagne* 4831; *mahtigne* 4886; *thene* 4814. 4821. 4857. 4874. 4886. 4912. 4914. 4923. (Summa 7 *a*, 14 *e*).

Nom. u. acc. plur. m. d. pron. u. adj.

alla 4852; *bleca* 4865; *gibol-gana* 4856; *iuuera* 4910; *cu-mana* 4825; *sia* 4814. 4817. 4818. 4825. 4839. 4851. 4857. 4861; *stridiga* 4854; *thesa* 4836; *thia* 4816. 4823. 4838; *undar-badoda* 4851; *uuisa* 4858; *uunda* 4863. (Summa 21 *a*).

alle 4852; *bleka* 4865; *gibol-gane* 4856; *gornundie* 4859; *iuua* 4910; *kumane* 4825; *sie* 4814. 4817. 4818. 4825. 4839. 4840. 4851. 4857. 4861; *stri-dige* 4854; *thene* 4836; *thea* 4816. 4823. 4838; *underbadode* 4851; *uuise* 4858; *uunde* 4863. (Summa 5 *a*, 18 *e*).

Nom. u. acc. sing. d. schw. ntr.

ora 4878; *uuretha* 4904. (Summa 2 *a*)

ore 4878; *uurede* 4904. (Summa 2 *e*).

Nom. u. acc. sing. d. st. fem.

ertha 4852; *logna* 4813; *sce-thia* 4884; *scola* 4884; *stemna* 4854; *thesa* 4884; *thia* 4815. 4854; *thioda* 4894; *thiustra* 4911. (Summa 10 *a*).

erde 4852; *logna* 4813; *ske-dia* 4884; *scola* 4884; *stemnie* 4854; *thesa* 4884; *thea* 4815! *thie* 4854; *thiustrie* 4911. (Summa 6 *a*, 3 *e*).

Nom. u. acc. plur. d. st. fem.

grimma 4914; *thioda* 4914. (Summa 2 *a*).

brinnandea 4814; *grimma* 4914; *thioda* 4914. (Summa 3 *a*).

Gen. sing. d. st. fem.

firinquala 4918. (Summa 1 *a*).

firinquala 4918. (Summa 1 *a*).

Dativ sing. d. st. masc. u. ntr.

barne 4829; *berge* 4822; *drohtine* 4864; *folke* 4906; *folcscipe* 4818; *giuuinne* 4896; *himilrikie* 4887; *holme* 4843. 4855; *Criste* 4825; *lande* 4847; *liohte* 4910; *Petruse* 4883; *tekne* 4817; *thiobe* 4911; *uuerode* 4832; *uuihe* 4907. (Summa 17 *e*).

barne 4829; *berge* 4822; *drohtine* 4864; *folke* 4818. 4906; *geuuinne* 4896; *himilrikea* 4887; *holme* 4843. 4855; *Criste* 4825; *lande* 4847; *liohte* 4910; *manne* 4900; *Petruse* 4883; *tekne* 4817; *thiobe* 4911; *uuerode* 4832; *uuihe* 4907. (Summa 1 *a*, 17 *e*).

Cottonianus:	Monacensis:

Adverbieller dativ.

tesamne 4901. 4917. (Summa   *tesamne* 4901. 4917. (Summa
2 *e*).   2*e*).

Gerundium.

te githolonne 4919; *te uuin-*   *te githolonne* 4919; *te uuin-*
nianne 4920. (Summa 2*e*).   *nanne* 4920. (Summa 2 *e*).

Im Cottonianus werden, wie man sieht, auslautende *a* und
e in der weise geschieden, dass bestimmte endungen (z. b. der
dat. sg.) stets *e*, andere (z. b. die 1. u. 3. sg. des schw. präteritums) stets *a* haben, während im Monacensis *e* und *a* bei
ein und derselben endung wechseln. Dies resultat gilt freilich
zunächst nur für den speciellen abschnitt, aus welchem die vorstehenden belege entnommen sind [1]); aber man kann sich, wenn
man an einer beliebigen stelle die beiden handschriften des
gedichtes prüft, leicht davon überzeugen, dass dasselbe verhältnis zwischen *a* und *e* im ganzen genommen auch in den
übrigen teilen des Heliand besteht. Zwar kommen schwankungen
gelegentlich auch im Cott. vor, z. b. im dat. sg. v. 4 u. 244
mancunnea neben *mancunnie* andrer stellen, v. 11. 295 *himila*
neben häufigem *himile;* ferner im nom. sg. v. 12 *sie*, aber
vorher und nachher *sia*. Trotzdem aber bleibt die tatsache bestehen, dass *e* und *a* im Cottonianus bei ein und derselben endung
im allgemeinen fest sind, während im Monacensis eine feste
grenze zwischen den beiden auslauten sich nicht ziehen lässt.

In derselben weise, wie im Cottonianus, sind die auslautenden *a* und *e* in den altniederfränk. psalmen geschieden. Auch
dort steht z. b. im dat. sg. -*e*, im schw. präteritum -*a*. Auch
die übrigen kleineren altndd. sprachdenkmäler stimmen im
ganzen genommen in dieser beziehung zum Cottonianus. Der
dialekt aller dieser denkmäler geht in der scheidung des ausl.
-*a* und -*e* im wesentlichen hand in hand mit dem Althochdeutschen. Wie im Ahd., so wird in ihnen dasjenige urspr. -*ai*,
welchem im Got. ein -*a* entspricht, gleichfalls durch -*a* wieder-
gegeben; überhaupt aber steht ihrem ausl. *u* (bis auf einige
specielle fälle) ein althochdeutsches *a* zur seite. Im gegensatze

---

[1]) Einzelne endungen, die sonst im Heliand vorkommen, sind hier
nicht belegt, z. b. die 3. sg. opt. praes., von welcher unten (s. 42) die
rede sein wird.

dazu nähert sich die lautgebung des Monacensis entschieden
dem Altfriesischen und Angelsächsischen. Überall nämlich, wo
das ausl. *a* des Cott. im Monacensis nach *e* hin schwankt, entspricht letzterem ein altfries.-ags. *e*. Man vergleiche z. b. die
folgenden fälle:

	ahd.	Cott.	Mon.	afries.	ags.
schw. prät.	*sazta*	*satta, setta*	*sette*	*sette*	*sette*
acc. sg. m.	*(den)*[1])	*thena*	*thene*	*thene*	*ðone*
nom. pl. m.	*(alle)*[1])	*alla*	*alle*	*alle*	*ealle*
acc. sg. f.	*erda*	*ertha*	*erde*	*erthe, erde*	vgl. *giefe*
nom. sg. n.	*ôra*	*ora*	*ore*	*are*	*éare.*

Paul bemerkt a. a. o. s. 343 zutreffend, in der vertretung
des urgerm. *ô* durch *a* und *e* bilde das Altsächsische die brücke
vom Ahd. zum Afries. und Ags. Ebenso tritt Paul mit recht
für die priorität des *a* vor dem *e* ein. In derselben weise
werden wir die alts. *a* und *e* zu beurteilen haben, welche urgermanischem *ai* entsprechen. Die mit *a* wechselnden *e*, welche
im Monacensis den *a* des Cottonianus gegenüberstehen, bilden
die übergangsstufe von dem *a* des Gotischen und Althochdeutschen zum *e* des Altfriesischen und Angelsächsischen [2]).
Der dialekt des Cottonianus hat auch in der vertretung des
diphthongs das ältere gewahrt.

Die vorstehenden bemerkungen wollen die frage nach dem
verhältnisse des ausl. -*a* und -*e* in den beiden hss. des Heliand
nicht erschöpfen [3]). Aber sie werden ausreichen, um es zu
rechtfertigen, wenn ich im folgenden bei der untersuchung des
ausl. -*ai* den dialekt des Cottonianus zu grunde lege.

---

[1]) Die ahd. form ist von der altsächs. zu trennen. Vgl u. s. 41.
[2]) Da das Ags. als mittelstufe zwischen -*e* und urspr. -*ai* stets ein
-*a* voraussetzt, lässt sich als westgermanische endung des schw. präteritums -*da* ansetzen. Ebenso geht ags. *dyde* mit afr. *dede*, as. *deda*, ahd.
teta auf westgerm. *deda* zurück. In einklang damit nehme ich jetzt auch
an, dass ags. *dode* aus *ija-da* entstanden ist (nicht *ijai-dai*, wie ich im
Amer. Journ. of Phil. 9, 52 meinte).   [3]) Um ein abschliessendes urteil
über das verhältnis des ausl. *a* und *e* im Heliand zu gewinnen, wäre es
nötig, die einschlägigen formen durch das ganze gedicht in derselben
weise zu vergleichen, wie es hier für einen kurzen abschnitt geschehen
ist. Will sich jemand dieser arbeit unterziehen, so würde er nicht nur
der grammatik des Altsächsischen einen dienst erweisen, sondern es
könnten sich dabei vielleicht auch für die textgeschichte des Heliand
wichtige anhaltspunkte ergeben.

Nach erledigung dieser vorfrage können wir uns dazu wenden, die verschiedenen arten des ausl. *-ai* und der aus diesem diphthong entstandenen laute im Altsächsischen in derselben weise zu sondern, wie es vorhin für das Gotische und Althochdeutsche geschehen ist. Es wird sich herausstellen, dass das Altsächsische in der vertretung des urspr. *ai* fast bis in alle einzelheiten mit dem Althochdeutschen hand in hand geht.

1) Got. *-ai* in einsilbigen wörtern — ahd. *-ê* — as. *-ê*.

got. *þai*, ahd. *thê, dê* = as. *thê* (nicht immer zu scheiden von der gleichlaut. relativpartikel, die übrigens wol nur auf verallgemeinerung mehrer casus des flectierten pronomens beruht). Wie im Ahd. neben *dê* sich allmählich *dea, dia, die* einstellen (vgl. ob. s. 28 f.), so finden sich im Hel. neben *thê*, auch *thea, thia, thie*. Hier kann von „brechung" des *ê* natürlich nicht die rede sein. Denn das *ie* in *thie* gehört dem Mon. an und ist aus dem *ia* des Cott. entstanden; *ea* und *ia* aber sind im Altsächs. überhaupt nicht brechungsformen des *ê*. Vielmehr hat die form *thê* das *-a* des nom.-acc. pl. der starken adjectiva angenommen (also eine zweite nominativendung). Dass *thea* dann auch als *thia* erscheint, kann nicht auffallen; *ea* und *ia* standen sich im As. lautlich so nahe, dass sowohl *ia* für älteres *e + a* wie *ea* für älteres *i + a* eintreten kann, (vgl. *settian* neben *settean, sea* neben *sia* u. ä.).

got. *twai*, ahd. *zwê-* in *zwêne* = as. *twê* in *twêna, twêne*. Vgl. ob. s. 30. — Das vereinzelte *twênie* (3548 M) verdankt seinen diphthong wol der einwirkung von *bêthie* „beide". (Die stelle lautet: *Thar satun tuenie man bi uuege, blinde uuarun sie bethie;* der Cott. hat *tuena* und *bethia.*)

got. *bai*, ahd. *bê* in *bêde* — as. *bê* in *bêde* (Hel. 138 M). Aus letzterer form sind *bêdea* = *bêthia* und *bêdie* = *bêthie* [1])

---

[1]) Der nom.-acc. masc. hat in den beiden hss. des Heliand folgende formen:

Cott.	Mon.
bethia 138. 1154. 1181. 1260. 2960.	*bede* 138.
3110. 9549. 3585. 4106. 5592. 5694.	*bedea* 1154. 2258. 2264. 2960. 3110.
5797. 5895.	4106.
bethie 1257.	*bethie* 3549. *bedie* 1181.
	bedie 1257. 1260. 3585.

weitergebildet, indem der zweite bestandteil der zusammenrückung (s. ob. s. 31) die wandlungen des vorhin besprochenen
thê mitmacht. Dadurch war das wort im nom. und acc. in
eine reihe mit dem plural der adjectivischen *ia*-stämme getreten
und bildet nun, wie diese, seinen dativ auf *-ium, -iun* bezw.
-ion [1]) (statt *bêthem*, wie nach *thêm* zu erwarten wäre).
got. *wai*, ahd. *wê* = as. *wê*.

2) Secundäres got. *-ai* = ahd. *-e*, as. *-e*.
Wir stossen hier zunächst auf einen fall, in welchem
zwischen dem Altsächsischen und Althochdeutschen eine differenz
besteht, die bisher unbemerkt geblieben ist. Der nom. plur.
der pronominalen declination lautet im Altsächsischen (nach
ausweis des Cottonianus, der Psalmen u. s. w.; die aus *a* entstandenen *e* des Monacensis kommen für diese frage nicht in
betracht) auf *-a* aus, z. b. *alla, cumana* (vgl. d. tabelle ob.
s. 37). Dies *-a* lässt sich mit dem ahd. *e* in *alle, chomene* und
dem got. *ai* in *allai, ga-qumanai* nicht lautlich vereinigen, denn
ahd. *-e* = got. *-ai* wird auch im Altsächsischen durch *-e* vertreten. Im Altsächsischen steht das *-a* in *alla, cumana* auf einer
linie mit dem auslaute des schw. präteritums. Sollen wir also
annehmen, dass das Altsächsische im nom. pl. der pronominalen
declination die übertragung, welche wir im Gotischen und Ahd.
fanden, nicht mitgemacht hat und noch die regelrechte fortsetzung des ursprünglichen auslautes aufweist? Diese auffassung
würde den lautgesetzen genügen. Aber es wäre merkwürdig,
wenn das Altsächsische hier auf einem älteren standpunkte be-
harrte, als Gotisch und Althochdeutsch, während es doch sonst
an dem secundären *-ai* dieser beiden sprachen teilnimmt. Wir
müssen in anschlag bringen, dass das *-a* in *alla, cumana* u. s. w.
nicht nur nominativendung sondern zugleich accusativendung
ist. Im Gotischen lautet der nom. *allai*, der acc. *allans*, das
Althochd. hat in beiden fällen *alle*, das Altsächs. in beiden
fällen *alla*. Da ahd. *alle* = got. *allai* ist, ahd. *alle* und as.
alla sich nicht mit einander identificieren lassen, so bleibt kaum
etwas anderes übrig, als as. *alla* dem got. *allans* gleichzusetzen.

---

[1]) Im Cott. *bethion* 3499. 3560. 3580. 4022 und *búthion* 1164. 1177.
Im Mon. *bediun* 1177. 3580, *bethiun* 3499. 3560 und *bediun* 1164. 4022. —
Vgl. *middeon* C: *middiun* M 812. 887; *diurion* C: *diuriun* M 3763.
4563 u. ä.

Demnach lautete ursprünglich im Ahd. und im As. der nom.
alle = got. *allai*, der acc. *alla* = got. *allans*. Im Ahd. hat
sich dann die nominativform, im As. die accusativform auf
beide casus ausgebreitet. Diese lösung wird auch durch die
parallelen verhältnisse bei den nominalen *a*-stämmen wahrscheinlich. „Wir sind jetzt wol alle darüber einverstanden“
sagt Scherer Z. f. d. a. 36 (1882) 380, „dass die gotischen
formen des nominativs und accusativs pluralis masculinischer
a-stämme einst ihre genaue westgermanische entsprechung
hatten, welche nur durch formübertragung, indem teils der
nominativ für den accusativ, teils der accusativ für den nominativ eintrat, entstellt wurde: nach der wirkung der auslauts-
gesetze stand dem got. *dagōs*, *dagans*, westgerm. *dagos*, *daga*
zur seite. Vgl. Mahlow Die langen vocale (Berlin 1879)
s. 127 ff.“ Scherer macht dann darauf aufmerksam, dass
das ursprüngliche verhältnis im Hildebrandsliede gewahrt ist,
wo neben dem nom. *helidos* die accusative *ringa* und *bouga*
liegen. (Vgl. dazu H. Möller Zur ahd. alliterationspoesie,
Kiel 1888, s. 73). Ein rest des alten unterschiedes hat sich
übrigens bei den nomina auch im Heliand noch erhalten.
V. 3072 steht im Cott. der acc. *slutila*. Man pflegt ihn aus
slutilas (so liest der Mon.) herzuleiten. Aber einen solchen
abfall des ausl. *s* kennt das Altsächsische in historischer zeit
nicht [1]). Richtiger hat schon Grimm (Gr. 1³ s. 547 d. neudr.)
die form beurteilt, wenn er bemerkt, der acc. sei hier „nach ahd.
weise“ gebildet, „während sonst überall der acc. gleich dem
nom. endigt“. Doch möchte ich damit nicht behaupten, Grimm
habe schon daran gedacht, das ahd. *-a* dem got. *-ans* des
accusativs gleichzusetzen und von dem got. *-ōs* des nominativs
zu trennen.

In der 3. sing. opt. praes. teilt das Altsächsische den
übertragenen vocal des Gotischen und Ahd. Die form geht im
Cott. auf *-e* aus: z. b. *biginne* 227. 1431, *gihore* 3228, *huerbe*
1491, *cume* 707. 1489. 1603. 1853. 4081. 4287. 4309. 4669,

---

[1]) Auch die nominative und accusative auf *-a* in den Psalmen, der
Freckenhorster heberolle und anderen as. denkmälern sind nicht aus den
formen des Heliand auf *-os* herzuleiten sondern ebenso wie *slutila* und
die ahd. formen auf *-a* zu beurteilen. Die endung *-as*, welche im Heliand
und sonst neben *-os* auftritt, kann aus letzterer lautlich entstanden sein,
kann aber auch auf mischung der ausgänge *-os* und *-a* beruhen.

alate 1567. 1615. 5036, *farlate* 4156, *lose* 1488, *alosie* 2148, *bilosie* 4154, *uuelle* 934, *uuellie* 1375. 2449, *uuillie* 2499. 4306, *uuerpe* 1487, *uuerthe* 1562. 1604. 1948. 3501. 4157. 4473, *sterabe* 4155, *giuuirkie* 2519. 3140. 3225 u. s. w. Für die 2. sing. des imperativs der urspr. *ai*-conjugation kommen nur die beiden verba *hebbian* und *seggian* in betracht. Die endung dieser form steht in deutlicher wechselbeziehung zur 2. und 3. sing. des indicativs: im Cott. *habi* und *sagi* wie *habis (habis)* [1]), *sagis* und *habit (habit)*, *sagit;* im Mon. *habe* (261. 3075), *haba* (2716. 3238. 4516), *saga* (605. 922. 3226. 3812. 3855) wie *habes* (260. 1065. 4063. 4406. 4511. 4514, auch *haues* 118) [2]), *habas* (1706. 2107. 2153. 3067. 3265. 3287. 3289) und *habed* (4612, auch *habet* 5031), *habad* (häufig), *sagad* (1861. 3043. 3045. 4419). Wie die endungen der 2. und 3. sing. auf urspr. *-ais, -aiþ* zurückgehen, so liegt der 2. sing. des imperativs urspr. *-ai* zu grunde. Jedoch kann das *i* des Cott. schwerlich als directer nachkomme des *ai* der urspr. endungen gelten. Es stammt wahrscheinlich aus der *ja*-conjugation, mit der die verba der urspr. *ai*-classe im Altsächsischen in manchen formen schon von älterer zeit her im austausche stehen [3]), und hat ein älteres *e* verdrängt. Für einen rest der älteren bildung halte ich die 2. sing. *habes*, v. 118. Die abweichenden formen des Mon. und der mangel des umlautes im Cott. weisen darauf hin, dass das *i* der *ja*-conjugation in diese formen erst sehr spät eingeführt ist. — Im Mon. haben die endungen unserer formen (von dem vereinzelten *sagis*,

---

[1]) Nur einmal (v. 118) begegnet das den formen des Mon. genau entsprechende *habes*. [2]) Die 2. sing. des verbums *seggian* kommt im Mon. nur einmal vor (v. 3019) und zwar in der zu der weise des Cott. stimmenden form *sagis*. [3]) Aus Sievers' erörterungen PB. Beitr. 8, 90 ff. geht hervor, dass im Nordwestgermanischen (d. h. im Westgermanischen mit ausschluss des Abd.; nach S. freilich im Westgermanischen überhaupt) die *ja*-form an stelle der got. *a*-form stand, während die *ai*-form dieselbe ausdehnung hatte wie im Gotischen (abgesehen vom präteritum, wo got. *habaida* älteres *habda* verdrängt hat). Ich zweifle aber, ob wir mit S. dies verhältnis als urgermanisch ansehen dürfen. Man sieht nicht recht, weshalb z. b. urgermanisches *habjan* (inf.) und *habjō* (1. sing.) im Gotischen sollte durch *haban, haba* ersetzt sein. Es ist jedenfalls ebenso wohl möglich, von urgermanischem *haban, habō* auszugehen und die nordwestgermanischen *habjau, habjō* als neuerungen zu fassen.

v. 3019 abgesehen) den älteren vocal beibehalten; aber das *e*
schwankt, der weise des Mon. gemäss, nach *a* hinüber.

3) Got. -*a* = ahd. -*a* = as. -*a*.
Die as. formen stehen völlig in einklang mit den althochdeutschen.

1. und 3. sing. des schwachen präteritums: got. *wissa, wilda*,
ahd. *wessa, wolta* = as. *wissa, wolda* u. s. w. (vgl. d. tabelle
ob. s. 36). Das *a* ist in der altniederfränkischen psalmenübersetzung noch durchaus gewahrt [1]).

1. und 3. sing. ahd. *teta* = as. *deda.*
got. *faura*, ahd. *fora* = as. *fora* (vgl. ob. s. 33).
Über den nom. plur. auf -*a* der pronominalen declination,
den man hierher rechnen könnte, vgl. ob. s. 41.

4) Got. -*ai* (= urspr. -*ôi*), ahd. -*e* = as. *e.*
Das Altsächsische geht hier wiederum völlig mit dem Althochdeutschen zusammen.

Der dat. sg. der nominalen *a*-stämme hat die endung -*e*
(vgl. d. tabelle s. 37), z. b. *dage* = ahd. *tage.* Die pronomina
dagegen bilden ihren dativ auf -*mu*, entsprechend dem ahd.
-*mu*, -*mo.* Häufig, und zwar namentlich im Cott., fehlt der
ausl. vocal ganz (Heyne Kl. as. grammatik s. 85) [2]). Vgl. *imu*,

---

[1]) In den bei Heyne (Kl. altndd. denkm.) abgedruckten psalmen
sind folgende formen der 1. u. 3. sg. des schw. prät. belegt (ich schliesse
die ersten drei psalmen, als mittelfränkisch, aus): *awidoda* 68, 9 *firroda*
54, 8 *hatoda* 54, 13 *hatta* 72, 6 *gehorda* 58, 8. 61, 12. 65, 18. 68, 34 *becanda* 70, 15 *bicanda* 55, 10 *clivoda* 62, 9 *cundida* 55, 9 *mendida* 18, 6.
65, 17 *ginekeda* 54, 23 *generida* 56, 5 *ginereda* 56, 4 *gerihtoda* 72, 13
sanda 56, 4 *santa* 56, 5 *satta* 18, 5. 65, 9 *gesatta* 69, 12 *bescendida* 68, 3
scovoda (ms. -*la*, Heyne -*ta*) 53, 3 *sorgoda* 60, 3 *getrostoda* 68, 2 *getruoda* 70, 2 *gitruoda* 55, 5. 11 *thahta* 65, 18 *thecoda* 68, 11 *bethecoda*
54, 6. 66, 8 *theneda* 54, 21 *tholoda* 68, 8 *thursta* 62, 2 *uuanda* 72, 16
uuista 72, 22 *uuolda* 72, 25. — Dazu *deda* 54, 9. 65, 16 *dida* 56, 3.
[2]) Diesen scheinbaren abfall des -*u* halte ich nicht für einen lautwandel,
sondern für eine formelle neubildung, und zwar für eine angleichung an
die pluralform des dativs. Der dat. sg. *im*, die kürzere form zu *imu*,
stimmt genau zum dat. pl. *im. them* als dat. sg. scheint von *thêm* als
dat. pl. durch die quantität verschieden, aber der lange vocal der pluralform ist vielleicht schon früh gekürzt; übrigens könnte man sich in
diesem falle auch mit der ausnahme partieller angleichung begnügen.
theson, minon, managon u. s. w. als dat. sing. im Cott. sind identisch mit
theson, minon, managon als dat. plur. — Das schwanken zwischen beiden
formen im dat. sing. hat dann dahin geführt, dass auch der instrumental

im = ahd. *imu, imo; themu, them* — ahd. *demu, demo; managumu* Hel. 3751. 4118 M, *managon* C = ahd. *managemo; middiumu* Hel. 2691 M, *middion* C — ahd. *mittemu, mittemo* u. s. w. Die pronominale endung deckt sich in ihrem auslaute mit der endung des instrumentals, z. b. *huilicu arbediu* Hel. 2822 C & M, *thiu barmu* Hel. 778 C & M u. s. w.

Der dat. sg. der femininen ō-stämme endigt beim nomen auf *-u*, beim pronomen auf *-ru, -ro* z. b. *gebu* (*gibu* Cott. 3082) = ahd. *gebu, gebo; bedu* — ahd. *betu, beto; iuuoru* (1797 M, *iuuero* C), *iuuuaru* (4661 M, *iuuero* C) — ahd. *iuuueru, iuuaru, managaro* (900 M, *managero* C) — ahd. *manageru*. Das *o* der endung *ro* ist nicht, wie man anzunehmen pflegt, aus *u* geschwächt, sondern beruht auf dem *-ro* des gen. plur. der pronominalen declination. Dies ergibt sich daraus, dass das *o* beim pronomen sehr häufig, beim nomen nur ganz vereinzelt (z. b. *erdo* 1605 M; vgl. Heyne a. a. o. s. 73) auftritt. Es muss also seinen grund in einer besonderheit der pronominalflexion haben, und auf die pronomina (einschliesslich der pronominalen formen der starken adjectiva) beschränkt sich ja der gen. plur. auf *ro*. Die nominalen dative auf *-o* sind erst wieder — vermittelst einer nochmaligen formübertragung — durch die pronominalen dative auf *-ro* hervorgerufen [1]). — Seltener ist das *-a* des gen. sing. der feminina an die stelle des dativischen *-u* getreten, so z. b. in *minera* 273 M neben *minero* 971 und *minaro* 3289 (im Cott. an allen 3 stellen *minera*). Andere formen dieser art bei Heyne a. a. o. s. 73. Ebenso dringt ja auch im Ahd. bei den entsprechenden feminina das *a* des genitivs gelegentlich in den dativ ein (Braune Ahd. gr. § 207 A. 5).

Ich glaube hiermit den nachweis erbracht zu haben, dass im Gotischen, Althochdeutschen und Altsächsischen eine gleich-

---

zum teil sein *-u* verloren hat. So erklärt sich z. b. das nach Heyne (Kl. as. gramm. s. 96) „im ersten teil unflectierte" *oder sithu* des Cott. (4786. 5913. 5948 = *othar sithu* 1076 und *othiar sithu* 3519; im Mon. *oder sidu* 3519, *oder sidu* 4786, aber *odru sidu* 1076; vgl. *oderu* C & M 3108 und *odru* C = *odru* M 3497).

¹) Ganz analoge übertragungen, wie im dat. sg. fem., haben im gen. sg. fem. stattgefunden. Z. b. *iuuuaro* in M (4397. 4339) nach dem gen. plur. statt des in C erhaltenen *iuuuera*, und darnach dann auch beim nomen *gebo* (4897 M) an stelle von *gebu*.

mässige scheidung zwischen ursprünglichem *ai* und einem secundären, durch formübertragung entstandenen *ai* besteht. Letzteres wird in allen drei dialekten ebenso behandelt, wie urspr. *ōi*. Nur das urspr. *ai* einsilbiger wörter teilt in allen drei dialekten die geschicke des secundären *ai*. Also

	Got.	Ahd.	As.
urspr. *ai* (in mehrsilb. wörtern) =	*a*	*a*	*a*
urspr. *ai* (in einsilb. wörtern) =	*ai*	*ē*	*ē*
secundäres *ai* =	*ai*	*e*	*e*
urspr. *ōi* =	*ai*	*e*	*e*

Hier ist zunächst der schluss unabweisbar, dass das Ahd. und As. in einer epoche, die jenseits der uns erhaltenen denkliegt, vollkommen auf dem standpunkte des Gotischen gestanden haben. Denn niemand bezweifelt, dass das kurze *e* zunächst auf *ē* zurückgeht und dass letzteres in allen fällen aus *ai* entstanden ist. Die monophthongierung des ausl. *ai* kann aber erst zu einer zeit stattgefunden haben, wo dasjenige *ai*, welches auch im Gotischen als *a* erscheint, schon die form *a* hatte; denn sonst wäre dieses *ai* gleichfalls der monophthongierung zu *e* verfallen.

Daraus folgt dann weiter, dass der wandel des urspr. ausl. *ai* in *a* älter ist, als die entwickelung des secundären *ai*. Denn sonst würde letzteres, da es ja gleichfalls in mehrsilbigen wörtern seinen platz hat, den wandel in *a* mitgemacht haben. Aus demselben grunde ist der wandel des urspr. ausl. *ai* in *a* älter, als der übergang des urspr. *ōi* in *ai*.

Mithin lassen sich für das Got., Ahd. und As. die 4 kategorien, welche wir unterschieden haben, auf zwei vereinfachen, nämlich 1) ausl. *a*, welches in sehr früher zeit aus älterem *-ai* mehrsilbiger wörter hervorging, 2) ausl. *ai*, welches nur in einsilbigen wörtern älterem *-ai* unmittelbar entspricht, im übrigen teils auf formübertragung beruht, teils auf älteres *-ōi* zurückgeht.

Beruht diese auffällige übereinstimmung des Gotischen mit dem Ahd. und As. auf einer näheren verwantschaft dieser drei dialekte? Oder gehört das *a* an stelle von urspr. *ai* im auslaute mehrsilbiger wörter bereits dem Urgermanischen an?

Die entscheidung dieser frage hängt von der auffassung der entsprechenden laute im Angelsächsischen und Altnordischen ab. In beiden fällt das ursprüngliche *ai* mit dem secundären *ai* zusammen. Vgl. ags. *hátte* 1. 3. sg. pass., *sette* 1. 3. sg.

praet., *blinde* n. a. pl. adj., *binde* 3. sg. opt. praes. [1]); altn.
heite 1. sg. pass., *sette* 3. sg. praet., *blinde-r* n. pl. adj., *binde*
3. sg. opt. praes. Folgt daraus nun, dass das Ags. und Nordische
die scheidung zwischen primärem und secundärem *ai* nicht gekannt haben? Es folgt so wenig, wie man aus dem zusammenfall der beiden ihrem ursprunge nach verschiedenen *ai* in got.
þai und *gibai* folgern darf, diese vocale seien von jeher gleich
gewesen. Wir müssen zunächst in anschlag bringen, dass im
Angelsächsischen — wie im Altfriesischen und einem teile des
altsächsischen gebietes — das ausl. *-a* des Westgermanischen
überhaupt zu *e* wird, vgl. ob. s. 39. Das Angelsächsische
verträgt sich also mit der annahme eines urgerm. *-a* für urspr.
-ai ohne weiteres. Was das Altnordische betrifft, so brauchen
wir an der herleitung des *-e* aus *-a* um so weniger austoss zu
nehmen, als aus urnordischer zeit *a* als vorstufe des *e* wirklich
überliefert ist, z. b. *m(e)k m(a)r(i)la w(o)rta* auf der spange
von Etelhem [2]).

---

[1]) Im Epinaler glossar und den sonstigen alten quellen, welche im
auslaute zwischen *e = ae* und *e — i* scheiden, steht in allen diesen
fällen gleichmässig *ae*, s. Sievers PB. Beitr. 8, 325 f. [2]) In derselben
weise steht im nom. sing. der schw. masculina dem got. *-a* auf den
ältesten runeninschriften noch *-a* zur seite z. b. *m(a)r(i)la* auf der im
texte angeführten inschrift (weitere beispiele bei Noreen Altn. gr.
§ 311 A. 1), als vorstufe des späteren *-e*, *-i*. Diese formen sprechen für
den ansatz eines (auf urspr. langen vocal zurückgehenden) urgerm. *a* im
nom. sg. des schw. masc. (Zu trennen davon ist der auslaut der entsprechenden westgerm. formen, ahd. as. *hano*, ags. *hana*, vgl. Scherer
z. GDS.² 207; Braune PB. Beitr. 2, 152; Paul ebd. 4, 339; Möller
ebd. 7, 536.). — Der übergang des urnord. *-a* = got- *-a* in *-e*, *-i* fällt
schon in urnordische zeit. Zwar ist im nom. des schw. masc. nur *-a*
belegt, aber in der 1. sing. pass. *haite* umgekehrt auch schon urnord.
nur *e* oder *i* (vgl. Noreen § 457 A. 2 und Burg D. ält. nord. runen-
inschr. s. 37 f. 50. 54). In der 3. sg. des schw. präteritums sind beide
formen, die ältere und die jüngere, auf den runeninschriften erhalten,
denn neben dem im texto genannten *w(o)rta* begegnen *wurte, urte, sate*
(Noreen § 448 A. 2). — Im Urnordischen muss das ausl. *a* in diesen
fällen von dem ausl. *a* in *horna*, *hlaiwa* u. ä. verschieden gelautet haben,
obwohl die runenschrift zwischen ihnen keinen unterschied macht.
Denn sonst wäre nicht abzusehen, weshalb in der späteren sprache beide
in einklang mit ihrer ursprünglichen verschiedenheit verschieden behandelt
sind. — Ganz anders müssten die ausl. *-a* und *-e* der runeninschriften
beurteilt werden, wenn man auf der spange von Etelhem *w(o)rtai* zu
lesen hätte — was den zeichen nach möglich ist (vgl. Burg D. älteren

Für das Urgermanische also kann an stelle des urspr. -*ai* mehrsilbiger wörter bereits -*a* angesetzt werden. Dann ist es aber am natürlichsten, die entstehung des secundären *ai* ebenfalls schon in die urgermanische epoche zu verlegen. Nur bei der 2. sg. des imperativs der *ai*-conjugation bleibt dies zweifelhaft. Aber man könnte sich hier entweder mit der annahme einer urgerm. doppelform helfen, oder annehmen, dass es sich um eine jüngere übertragung handelt, welche Gotisch, Nordisch und Ahd. unabhängig von einander vollzogen hätten. Sonst müsste man sich entschliessen, altn. *haf* (entgegen meiner darstellung oben s. 7) für eine neubildung anzusehen; dann stände nichts im wege, die 2. sg. des imper. mit dem nom. pl. der adjectiva und der 3. sg. des opt. auf eine stufe zu stellen.

Erwägt man schliesslich, dass keine germanische sprache das urspr. -*ōi* von dem secundären -*ai* lautlich unterscheidet (zu den *ōi*-formen gehören beim masc. ags. *wulfe*, altn. *úlfe* [1]) und beim fem. ags. *giefe*), so liegt kein grund vor, für das Urgermanische eine verschiedenheit der beiden laute vorauszusetzen. Es wird also auch hier im Urgermanischen nicht mehr *ōi* bestanden haben, sondern schon *ai*, wie wir es im Gotischen finden.

Das ergebnis ist: schon für den auslaut des Urgermanischen ist dieselbe spaltung der alten *ai*-diphthonge anzunehmen, welche im Gotischen besteht d. h. 1) ausl. *a* an stelle des urspr. *ai* mehrsilbiger wörter, 2) ausl. *ai* an stelle des urspr. *ai* einsilbiger wörter und des urspr. *ōi*. Erst nachdem diese entwickelung abgeschlossen war, gelangte durch formübertragung

---

nord. runeninschriften s. 110 f) — und in dem -*ai* der uralte auslaut des präteritums erhalten wäre. Aber letzteres ist nicht wahrscheinlich, da das urspr. -*au* der 1. person schon auf den ältesten runeninschriften zu -*o* contrahiert ist (*tawido worahto* u. s. w). Sollte also wirklich -*ai* zu lesen sein, so würde ich mit Burg s. a. o. den ausweg vorziehen, das *ai* als graphische variante eines *e* anzusehen.

[1]) Auch die urnord. runeninschriften haben im dat. sg. der *a*-stämme schon die endung -*e*, -*i* (Noreen Altn. gr. § 266 A. 4), also dieselbe endung wie die 1. sing. pass. urnord. *haite, haiti*. Urgerm. -*ai* = urspr. -*ōi* und urgerm. -*a* = urspr. -*ai* waren also schon im Urnordischen zusammengefallen. Das urnord. *e* des dat. sg. verhält sich zu urgerm. -*ai* ganz ebenso, wie urnord. -*o* in der 1. sg. des schw. präteritums (*tawido*) zu der urgerm. optativendung -*au*. (Vgl. üb. letztere endung Amer. Journ. of Philol. 9, 54 f.).

— und zwar ebenfalls schon in der urgerm. epoche — ein neues *ai* in den auslaut mehrsilbiger wörter, welches mit dem aus urspr. *ōi* entwickelten diphthong lautlich zusammenfiel und fortab dessen geschick teilte.

Ich habe dies resultat für die obige darstellung nicht von vorn herein voraussetzen wollen und bin daher zunächst, wie man bis jetzt zu tun pflegte, von urgerm. *ai* = urspr. *ai, oi* und urgerm. *ōi* = urspr. *āi, ōi* ausgegangen. Um keine unklarheit zurückzulassen gebe ich in der folgenden übersicht neben den anfänglich für das Urgermanische vorausgesetzten werten die schliesslich gefundenen, indem ich die ersteren in eckige klammern einschliesse:

Arisch	Urgerman.	Got.	Ahd.	As.	Ags.	Altn.
ai, oi	*[ai —] a* in mehrsilb. wörtern	*a*	*a*	*a*	*e*	*e(i)*
	ai in einsilb. wörtern	*ai*	*ē*	*ē*	*ú*	*ei*
—	secundäres *ai*	*ai*	*e*	*e*	*e*	*e(i)*
āi, ōi	*[ōi =] ai*	*ai*	*e*	*e*	*e*	*e(i)*

Excurs zu s. 10.

Die germanische *ai*-conjugation.

In der erklärung der *ai*-conjugation scheint mir bisher das richtige noch nicht getroffen zu sein. Man hat neuerdings daran gedacht, sie an nominalstämme auf *ē* anzuknüpfen, so namentlich Mahlow D. lang. Voc. 13 f. und 42 f., Kögel PB. Beitr. 9, 504 ff. In dem *i* des diphthongs *ai* sehen beide den rest eines urspr. *j*, das sie mit dem *j* der 1. schwachen conjugation identificieren. Auf die bedenken, welche sich hiergegen erheben, hat schon Bremer PB. Beitr. 11, 46 f. hingewiesen. Bremer denkt an einen ursprachlichen wechsel von verbalen *j*-stämmen und *ē*-stämmen, indem er an lit. *sėdžu* (aus *sėd-ju*), *sėd-ė-ti*, asl. *sėždą* (aus *sėd-j-ǫ*), *sėd-ė-ti* erinnert. Aber die voraussetzung, ein *j*-stamm und ein *ē*-stamm hätten ursprünglich in demselben tempus gewechselt, hat weder im Lettoslavischen noch sonst in den verwanten sprachen einen anhalt. Um zu dem germanischen *ai* zu kommen, muss Br. ausserdem annehmen, ursprüngliche -*ē*-formen seien im Germanischen nach analogie andrer conjugationen in -*ēi*-formen umgewandelt. Br. meint zwar „diese ncubildung war sehr natürlich, denn sonst hatten alle verben, primäre wie abgeleitete, die endungen *-izi-, *ιδι". Aber ich kann ihm darin nicht recht geben. In der 2. schw. conjugation z. b. geht *salbō-s, salbō-þ* auf eine urgerman. flexion *-ō-zi, -ō-di* ⹀ vorgerm. *-a-si, -ā-ti* zurück [1]. Hätte also in der 3. schw. conjugation je ein urgerm. *-ē-zi, -ē-di* bestanden, so wäre es das natürlichste gewesen, diese endungen beizubehalten, ebenso wie man jenes *-ō-zi, -ō-di* beibehalten hat.

Ich habe diese einwendungen gegen Mahlows theorie der *ai*-verba und ihre weiterbildung durch Bremer nicht unter-

[1] Für die erklärung der 2. schw. conjugation hat bereits Bezzenberger GGA. 1879 s. 921 den richtigen weg eingeschlagen, indem er annahm, es sei im Germanischen der im schwachen präteritum enthaltene verbalstamm *salbō-* früh verallgemeinert worden. B. ließ daneben freilich im präsens noch eine flexion *salbōjid* zu, namentlich auf grund der as. *j*-formen. Später hat Mahlow (D. lang. voc. 42 f.) angenommen, *salbō* sei im Germanischen aus *salbōji* contrahiert, und seine ansicht wird jetzt von manchen germanisten geteilt (vgl. z. b. Kögel PB. beitr. 9, 504 ff.). Dem Mahlow-Kögelschen standpunkte gelten die westgermanischen *j*-formen für älter als die gotischen formen ohne *j*. Ich kann mich nicht dazu verstehen, dem Westgermanischen in dieser beziehung den vorrang vor dem Gotischen zu geben. Die *j*-bildungen gehen im Ahd. wie im As. und Ags. den unursprünglichen *j*-bildungen in der *ai*-conjugation parallel, und werden in beiden fällen für analogiebildungen nach der *j*-conjugation gelten müssen. Was man gegen die annahme von analogiebildung eingewandt hat, ist nicht geeignet, sie zu widerlegen. Zutreffender scheint mir Johansson De derivatis verbis contractis ling. graecae (Upsala 1886) s. 171 ff. 162 u. 201 die flexion der german. ō-verba beurteilt zu haben. Er knüpft sie und die ihnen genau entsprechenden lat. *ā*-verba an zwei ursprüngliche typen an. 1) abgeleitete verba mit einem präsensstamme auf *-ā-je-* (1. sing. *-ā-jō*) und einem ausserpräsentischen (sog. „allgemeinen") Stamme auf *-ā-*, 2) primäre verba auf *-ā-* (1. sing. *-ā-mi*). Beide trafen in den „allgemeinen" tempora in dem ā-stamme überein, was zur folge hatte, daß bei der ersteren klasse der ā-je-stamm des präsens allmählich durch den ā-stamm verdrängt wurde. Demnach ist das germanische ō so wenig wie das lateinische ā durch „contraction" mit *j* zu stande gekommen. Die annahme einer contraction *ōji* >[ō läßt sich auch mit den germanischen lautgesetzen schwerlich vereinigen; es wäre dafür im Gotischen entweder *ōji* oder *ai* zu erwarten. Hinzufügen möchte ich zu J.'s ausführungen noch, daß auch im conjunctiv praes. der ō-verba daß ō nicht etwa aus ō + ai contrahiert ist. Wir haben vielmehr in dem conjunctiv der ō-conjugation einen wirklichen rest des alten conjunctivs zu sehen; *salbō-s* stimmt ja zu *ōg-s*.

drücken wollen, da sie, so viel ich weiss, von den meisten fach-
genossen noch geteilt wird. Uebrigens hat schon Johansson
De derivatis verbis contractis s. 171 ff. hinlänglich gezeigt,
dass sie unhaltbar ist. Wenn J. mit seinem widerspruche nicht
durchgedrungen ist, so liegt das wol zum teil daran, dass es
ihm nicht gelungen ist, die Mahlow-Bremersche theorie durch
eine überzeugende erklärung zu ersetzen. J. denkt an eine
combination eines thematischen *ē*-stammes (1. sg. *habja —
*khabhiō aus *khabhēō) und eines athematischen ai-stammes
(1. sg. *khabhǎ̆-i̯-mi). Aber die lautlichen schwierigkeiten
werden damit keineswegs überwunden, die annahme athema-
tischer ai-verba kann schwerlich in solchem umfange zuge-
lassen werden und die combination des vermeintlichen *ē*-stammes
und ai-stammes bleibt wiederum rätselhaft.

Mir scheint die erklärung der 3. schwachen conjugation
auf einem ganz anderen wege zu liegen. Die verba der ai-
conjugation sind von haus aus nicht abgeleitete sondern primi-
tive verba. Diesen ihren ursprünglichen charakter wahrten sie
noch im Urgermanischen. Unter etwa 30 bis 40 verben dieser
classe, die mit einiger sicherheit dem Urgermanischen zuge-
wiesen werden können, befinden sich nur ein oder zwei deno-
minativa und auch sie sind offenbar verhältnismässig junge
bildungen. Wenn also die ai-conjugation unter die „schwache"
conjugation gerechnet wird, so heisst das nicht mehr als: die
verba dieser classe haben ein t-participium und ein ursprünglich mediales t-präteritum. Dass sie kein actives (redupliciertes)
präteritum bilden, hat bei ihnen — wie bei der 4. schwachen
conjugation z. b. got. fullnan — seinen guten grund. Die verba
der ai-classe sind, wie man zu sagen pflegt „intransitiva",
oder um den von Jacobi (Beiträge z. dt. Gramm. s. 182) ge-
wählten ausdruck zu gebrauchen: sie hatten ursprünglich einen
medialen sinn [1]). Mit anderen worten: die ai-conjugation
erweist sich durch ihre bedeutung wie durch die
form ihres präteritums als eine ursprünglich mediale
conjugation. Sie hat im präsens nachträglich active endungen erhalten, wie die urspr. medialen pluralendungen des
schw. präteritums später durch active ersetzt sind. Wir dürfen
aber erwarten, spuren des urspr. mediums noch in den be-

[1]) Vgl. dazu Scherer z. GDS.² 292; Johansson Vb. contr. 192.

sonderheiten zu finden, welche die präsensflexion der *ai*-verba charakterisieren. Hält man nun zusammen, dass das *-ai* im Urgermanischen sich auf die 2. und 3. person des präsens beschränkte und dass in der arischen ursprache die 2. und 3. person des duals im präsens medii der „thematischen conjugation" vor dem dental der endung (nach ausweis der ind. 2. du. *-e-the,* 3. du. *-e-te* — av. *-ōi-þē̆*) den ausgang *-oi-* hatten, so liegt der schluss nahe, dass das germanische *-ai-* nichts anderes als die fortsetzung des thematischen *-oi-* der 2. und 3. person des duals ist.

An dieser schlussfolgerung lasse man sich nicht dadurch irre machen, dass in den got. grammatiken der 2. dualis der *ai*-verba die endung *-ats* gegeben wird. Jac. Grimm hat dieser form in seinem paradigma (Gramm. 2², 850) mit recht ein fragezeichen beigefügt. In den gotischen texten ist sie nicht belegt. Will man die 2. dualis in das Paradigma einsetzen, so sollte man ihr die endung *-aits* geben. Denn die regel über das verhältnis des *-a-* und *-ai-* in den endungen des präsens indicativi der *ai*-conjugation lässt sich, wenn ich recht sehe, am richtigsten folgendermassen fassen: der thematische vocal der *ai*-verba erscheint als *ai* vor denjenigen endungen der 2. und 3. person, welche ursprünglich mit einem einfachen consonanten anlauten (also 2. 3. sing., 2. 3. du., 2. plur.), sonst (also überall in der 1. person und vor der doppelconsonanz der 3. plur.) als *a*.

Der austausch zwischen *haba-* und *habai-* in der conjugation vergleicht sich dem zwischen *blinda-* und *blindai-* (ved. *áçva-* u. *áçve-*, gr. *ἵππο-* u. *ἵπποι-*, lat. *equo-* u. *equī-* d. i. *equoi-*) in der declination. In beiden fällen haben wir einen alten themawechsel. Seine entstehung lässt sich einstweilen nicht enträtseln und wird, wie die meisten „glottogonischen" probleme, vielleicht immer in dunkel gehüllt bleiben. Wir müssen uns damit begnügen, festzustellen, in welcher weise die beiden stammformen in der flexion der arischen ursprache verteilt waren.

Einer bemerkung bedarf noch das verhältnis der germanischen *ai*-conjugation zu der lateinischen *ē*-conjugation. Ich weiche von allen neueren untersuchungen darin ab, dass ich einen unmittelbaren zusammenhang dieser beiden flexionsklassen nicht annehme. Von der bisherigen ansicht sich frei zu machen wird manchem zunächst schwer fallen. Man hat sich gewöhnt vergleichungen wie *haban habēre, silan silēre, þahan tacere, witan vidēre* als vollgültigen beweis für die ursprüngliche identität der beiden verbalklassen anzusehen. Aber den lat. verben auf -*ēre* entsprechen im Germanischen auch starke verba: *aukan augēre, sitan sedēre, ga-þairsan torrēre, wakan regēre* u. a. Dass mehrere germanische *ai*-verba mit lateinischen *ē*-verben zusammentreffen, erklärt sich zur genüge daraus, dass jene im Germanischen, diese im Lateinischen die eigentlich intransitiv- und durativklasse bilden. Diese ihre gemeinsame function beruht nicht auf einem directen sondern auf einem indirecten genetischen zusammenhange. Die lateinischen *ē*-verba berühren sich nach form und bedeutung[1]) mit dem griechischen starken passivaoriste (vgl. Osthoff MU. 4, 364 ff.; Johansson De verb. contr. 192 f.). Nimmt man nun mit Johansson (KZ. 30, 553 anm.) an, dass der griech. η-aorist des passivs auf einer verallgemeinerung des *ē* beruht, welches in der arischen ursprache auf den auslaut des themas vor gewissen personalendungen beschränkt war, so ist die folgerung unabweislich, dass auch die lateinischen *ē*-verba (und ebenso die entsprechenden bildungen im Griechischen und im Lettoslavischen) aus einer eigenheit der arischen medialflexion erwachsen sind. Die lateinische *ē*-conjugation hängt dann mit der german. *ai*-conjugation ebenso nahe zusammen, ohne jedoch mit ihr identisch zu sein, wie in dem formensystem der ursprache die verbalen *ē*-stämme mit den verbalen *ai*-stämmen: das band, welches beide ursprünglich verknüpfte, ist die arische flexion des mediums.

Bryn Mawr, Pa.
31. Dec. 1889. *Hermann Collitz.*

---

[1]) Ueber die bedeutung der lateinischen *ē*-verba bemerkt Leo Meyer Vgl. Gramm. d. Griech. u. Lat. 2 ¹, 24: „grossenteils zeichnen sie sich auch durch eine beachtenswerte gleichartigkeit der bedeutung aus, indem sie ein sein, einen zustand zu bezeichnen und, können wir wol sagen, einen passiven charakter zu tragen pflegen".